2019

城市警务研究

第一辑

张跃进　卜安淳　主编

中国人民公安大学出版社
·北　京·

图书在版编目（CIP）数据

2019 城市警务研究. 第一辑 / 张跃进，卜安淳主编. -- 北京 : 中国人民公安大学出版社，2019.2

ISBN 978-7-5653-3564-8

I.①2… II.①张… ②卜… III.①警察－工作－研究－中国 IV.①D631

中国版本图书馆 CIP 数据核字(2019)第 030200 号

2019 城市警务研究 第一辑

张跃进　卜安淳　主编

出版发行：中国人民公安大学出版社
地　　址：北京市西城区木樨地南里
经　　销：新华书店
邮政编码：100038
印　　刷：北京市泰锐印刷有限责任公司

版　　次：2019 年 2 月第 1 次
印　　次：2019 年 2 月第 1 次
印　　张：10
开　　本：787 毫米×1092 毫米 1/16
字　　数：200 千字

书　　号：ISBN 978-7-5653-3564-8
定　　价：38.00 元

网　　址：www.cppsup.com.cn　www.porclub.com.cn
电子邮箱：zbs@cppsup.com　zbs@cppsup.edu.cn

营销中心电话：010-83903254
读者服务部电话（门市）：010-83903257
警官读者俱乐部电话（网购、邮购）：010-83903253
公安业务分社电话：010-83905672

目 录

第二届全国城市警务智库建设论坛纪要

城市警务研究中心*

2018年11月19日至20日，第二届全国城市警务智库建设论坛在苏州常熟举行。本届论坛由公安部公安发展战略研究所、公安部现代警务改革研究所、江苏省警察协会主办，公安部公安发展战略研究所城市警务研究中心、苏州市警察协会、常熟市警察协会承办。来自公安部相关部局、中国警察协会和全国相关公安院校、研究机构和省市两级公安机关、警察协会的200多位领导和专家学者汇聚一堂，共谋城市警务战略，为城市警务发展和社会治理提供智力支持。

公安部公安发展战略研究所执行所长田全华主持论坛开幕式，常熟市政府党组成员、公安局局长吴建伟致欢迎词。开幕式上，苏州市副市长、公安局局长江海，江苏省公安厅党委委员、副厅长陈辉，中国人民公安大学副校长、教授汪勇，中国警察协会副主席马振川，分别致辞。

苏州市副市长、公安局局长

江海在第二届全国城市警务智库建设论坛上的致辞

尊敬的各位领导、各位专家、各位嘉宾朋友，上午好！

首先，我引用宋朝词人周端臣的一句诗词，“初冬天气暖，小似立春时”。在这个秋冬交替、水墨江南的美好时节，在这片历史悠久、彰显活力的姑苏大地，在幽静的尚湖之滨、美丽的虞山脚下，我们荣幸地迎来了城市警务战略研究的各位领导、各位专家，大家齐聚一堂、激荡思想，共同学习新时代“枫桥经验”，共商城市警务战略管理，共谋公安工作高质量发展。在这里，受李亚平市长委托，我代表苏州市人民政府，并代表

* 城市警务研究中心是公安部公安发展战略研究所下设研究机构。

苏州市公安局，向远道而来的各位领导、各位嘉宾和新老朋友们表示热烈欢迎！向长期以来关心支持苏州公安事业发展的各界人士表示衷心感谢！

苏州这座城市拥有2500年的历史，一直以来都有“人间天堂”的美誉。苏州是国家重要的历史文化名城和全国重点旅游城市，全市面积8657平方公里，实有人口接近1500万，其中，户籍人口将近700万、外来人口超过800万。近年来，苏州市委市政府认真学习贯彻习近平新时代中国特色社会主义思想和党的十九大精神，根据江苏省委省政府的要求，按照勇当“两个标杆”、建设“四个名城”的目标定位，高起点谋划推进经济社会高质量发展。今年1月至9月，全市完成地区生产总值1.33万亿元，同比增长7%，今年前三个季度的GDP超过去年全年总量的80%，目前暂列北京、上海、广州、深圳、重庆、天津之后，列全国第七。今年前三个季度，全市一般公共预算收入达1623.4亿元，同比增长15.5%，超过去年全年总量的85%。当前，苏州正在按照“大城市”的标准、“大都市”的定位，加强自主规划和创新发展。特别是习近平总书记在上海进博会开幕式上指出，支持长三角区域一体化发展上升为国家战略，苏州又将迎来新一轮重大发展机遇。

经济社会的快速发展，为公安工作创造了良好条件，也给我们提出了不少挑战。总体上，苏州公安以江苏全省13.7%的警力，承担着全省20%的执法办案量、25%的接处警量、40%的外来人口服务管理工作、55%的警卫任务，以及65%的境外人员服务管理工作等。我们认真学习习近平新时代中国特色社会主义政法思想，研究提出“六个准确把握、六个更加强调”的发展思路和“5+5+5”的整体架构，狠抓八个方面123项重点任务，着力为长远发展、高质量发展打牢基础。我们积极优化维稳工作策略，牢固树立前移后延、制小得大、控增减存等理念，灵活运用“三同步”协同作战、党政资源促发联动、多维智慧管人控事、五位一体教育转化等工作机制，着力改变事后应对、末端处置等被动做法，有效压减涉稳风险，2018年全市没有发生有影响的涉稳案事件。我们大力创新现代城市防控体系。一方面，高标准建成情指巡一体化的姑苏动态巡防体系；另一方面，抓住上海进博会安保有利契机，在环沪周界、沿浙地带，以及与无锡、南通的交界地段，构建“城市盾牌”。通过动态巡防由内向外梯次扩展，“城市盾牌”由外向内分层覆盖，两网深度融合、有机叠加，着力筑牢全市域“人力+科技”的城市安全屏障。2018年以来，全市违法犯罪警情、刑事案件发案数同比分别下降17.5%、12.7%，刑事案件破案率达到31.3%。我们加快推进智慧警务建设，把“六星科技·纵横警务”作为贯彻公安部和省公安厅部署要求的生动实践。围绕建设纵横警务，做强内外全息数据高度融合的一个深度中心，搭建全链条管理、全要素叠加、全警种联动的三维应用架构，实现可视化、扁平化、集约化、精细化、智能化“五化”实战标准。围绕打造六星科技，全面推进主动打、立体防、集成管、精准控、便捷服、全面督六个方面星级智慧应用体系。我们积极探索公安机关参与社会治理新模式，主要是依托苏州网格化社会治理联动机制，将人房物网图等治安管控要素嵌入其中，通过厘清任务清单和责任清单，推动警务网格与综治网格“双网融合”，公安工作向社区网格和群防群治借力借势，加快构建共建共治共享大格局。这样做，既能有效提升公安机关的社会治理效能，又能切实减轻基层公安机关负担。目前，通过网格化联动，分流警情近四成。我们认为，这种“双网融合”、资源共享、联手共治的格局，为新时代公安基层基础工作探索了新路径。

在做好上述工作的同时，我们在城市治理方面还特别强调，要主动适应我国社会主要矛盾发生的历史性变化，厚植以人民为中心的发展思想，坚持问题导向，积极履职担当，高位考量、高端统筹破解人民群众反响强烈的突出问题和城市发展中遇到的瓶颈性难题。例如，今年我们牵头开展“331”火灾隐患整治专项行动，针对“三合一”场所、出租房（群租房）、电动自行车三类突出火灾隐患，制定任务清单、履职清单、追责清单，在全市范围内开展火灾隐患集中攻坚整治，并逐步实现常态长效。自2018年以来，全市火灾起数、死亡人数同比分别下降32%、43%。针对城市交通拥堵的难题，我们围绕搭建高位平台、优化资源配置、调优交通结构、精细交通组织、打造智慧交通、强化执法整治六个方面，组织开展道路交通系统治理、专项攻坚。2018年，全市道路交通通行指数再度提升8%；全市道路交通事故起数、死亡人数在连续六年下降的基础上，同比又分别下降10.1%、30.7%。我们积极深化公安“放管服”改革，“不见面”审批率达86.5%，最大限度地做到“马上办、网上办、就近办、一次办”。

以上这些实践和探索，得益于科学的思维方法、先进的治理理念、正确的工作策略。在这一方面，上级领导和有关专家给予我们很多指导和帮助，在此表示衷心的感谢！特别是这次全国城市警务智库建设论坛在苏州常熟召开，更是为我们学习上级精神、借鉴兄弟城市先进做法提供了不可多得的重要机遇。我们将认真学习、深刻领会、积极实践，把它作为进一步推动苏州城市治理创新发展、苏州公安工作高质量发展的重要催化剂。借这个机会，我也诚挚地邀请各位领导、各位专家常来苏州调研指导，常为我们提出宝贵意见和工作建议。

预祝本次论坛取得圆满成功！谢谢！

江苏省公安厅党委委员、副厅长

陈辉在第二届全国城市警务智库建设论坛上的致辞

各位领导、同志们，大家上午好！

在全国公安机关全面深化改革、研究谋划明年工作思路的重要时刻，第二届全国城市警务智库论坛在我省举办，为我们提供了难得的学习机会。在此，我代表江苏省公安厅，对这次论坛的顺利举行表示热烈的祝贺！向马振川副主席、周继业副主席和出席论坛的各位领导、各位专家学者以及来自全国各地公安机关的同行们，表示诚挚的欢迎！对各位长期以来对江苏公安工作的关心和支持表示衷心的感谢！

近年来，在公安部、省委、省政府的坚强领导下，江苏公安机关紧紧围绕“强富美高”新江苏建设和打造平安中国示范区目标，以实施创新强警战略为牵引，全面深化公安改革，大力推进基础信息化、警务实战化、执法规范化、队伍正规化建设，不断创新升级立体化信息化社会治安防控体系，确保了全省大局持续稳定，公安工作和队伍建设不断取得新发展新进步。今年以来，全省公安机关圆满完成了全国全省“两会”、上合组织青岛峰会、上海进博会等重大安保维稳任务，扎实深入推进扫黑除恶、治爆缉枪、打击盗抢骗、打击食药环犯罪等专项斗争，打掉涉黑组织33个、恶势力犯罪团伙115个，巩固了全部刑事案件、命案、侵财案件发案率下降、破案率上升的“三降三升”良好态势，人民群众安全感达到96.52%，继续保持全国领先。

各位嘉宾，今年是我国改革开放40周年。40年间，国家的经济实力和各项社会事业发生了翻天覆地的变化，取得了世人瞩目的伟大成就。随着中国特色社会主义步入新时代，公安工作也进入了新的发展阶段，特别是大数据、互联网时代的到来，公安工作既面临着难得的发展机遇，也面临着一系列风险与挑战。如何抓住机遇、应对挑战，需要我们加强智库建设和警学研究，以此来提升发现问题、分析问题和解决问题的能力，提高警务效率和战斗力。

江苏省公安厅对警务智库建设历来高度重视，近年来以江苏警官学院为依托，大力推进公安新型智库建设，取得了显著成效。2015年、2016年，江苏警官学院先后被公安部确定为“公安部现代警务改革研究所”建设依托院校，被省委确定为“江苏省公共安全研究院”重点培育智库。警院充分发挥新型智库作用，紧紧围绕服务公安决策和警务实战的中心任务，切实加强系统性、全局性、战略性、前瞻性研究，形成了一大批警务理论与实践研究优秀成果，为江苏公安工作深化改革、创新发展提供了有力支撑。江苏省警察协会积极调动整合警学研究资源，跟踪现代警务的新趋势、新动向，聚焦基层实战的新情况、新问题，确定重点课题进行研究攻关，为服务领导决策、服务基层实战发挥了重要作用。与此同时，我们积极鼓励和支持有条件的地方先行先试，自主开展城市警务智库建设。特别是苏州市公安局，长期注重警务理论研究，善于运用理论引领警务实践，研究问题、创新探索的氛围十分浓厚。在2015年率先成立江苏省首个城市警务智库后，又依托中国人民公安大学、江苏警官学院设立了“城市警务智库研究中心”与“社会治理研究中心”，聘请了一批省内外专家学者担任特约研究员，并通过警察协会平台，组织民警深入开展警务课题研究，形成了许多有影响、有价值的理论成果。

一周前，中央政法委召开了纪念毛泽东同志批示学习推广“枫桥经验”55周年暨习近平总书记指示坚持发展“枫桥经验”15周年大会。中央政法委书记郭声琨、公安部部长赵克志分别在会上强调要坚持创新发展新时代“枫桥经验”，加快推进基层社会治理现代化，努力建设更高水平的平安中国。这是当前和今后一个时期社会治理的重要任务，也是我们警学研究和警务实践的重要课题。这次论坛，公安部和高等院校、科研机构的领导、专家、学者以及来自全国各地的警界精英齐聚常熟，共同研讨“城市警务战略管理”、“新时期枫桥经验城市实践”和“城市警务改革创新”等时代话题，必将对推动江苏公安工作高质量发展带来极大助力。我们将以此为契机，不断加强公安新型智库建设，深研理论、深耕实践，着力破解警务现代化进程中遇到的重点、难点和热点问题，引领推动江苏公安工作加速向知识型、智慧型转变、升级，为新时代公安工作高质量发展提供更多更好的智力支持和决策服务。

预祝论坛取得圆满成功！

希望各位领导、专家和同志们在江苏多走走、多看看，给我们多提宝贵意见。祝大家在江苏期间身体健康、工作顺利、生活愉快！谢谢大家！

中国人民公安大学副校长、教授

汪勇在第二届全国城市警务智库建设论坛上的致辞

尊敬的马主席、刘主席，各位嘉宾、朋友们，大家上午好！

作为论坛的主办方代表出席本次会议，本人深感荣幸！在此，谨代表京玉书记和诗权校长（所长）对各位嘉宾的到来表示欢迎和感谢！同时，也对承办方苏州市警察协会、城市警务研究中心表示感谢！感谢你们的精心安排和周到的服务，并且搭建了一个非常好的交流平台。今年是城市警务研究中心举办的第二届全国城市警务智库建设论坛，主题是“城市警务战略管理与新时代‘枫桥经验’城市实践”。这是一个很好的话题，因为城市治理永远在路上，永远在发展，永远具有生命力。

当年，毛主席从西北坡进入北京时，说是去“赶考”。这里的“赶考”其实就是解决城市治理问题，给人民交上一份满意的城市治理答卷。今天，我们聚集在一起，还是在研究探讨城市治理问题。不过如今我们面对的城市建设与治理问题，与新中国成立之初相比，又有了很多的变化和发展。第六次人口普查数据表明，我国城镇人口占比49.68%，与城市化（也称城镇化）水平大多在75%以上的发达国家相比，我国的城镇化水平还比较低。但在以习近平总书记为核心的党中央领导下，全国上下正在积极落实《国家新型城镇化规划（2014—2020年）》要求，新型城镇化的各项工作正在稳步推进。新型城镇化的要求是不断提升城镇化建设的质量内涵，推动城镇化由偏重数量规模增加向注重质量内涵提升转变。在当前的城镇化进程中，存在城镇农村交织、农村向城市进化的特点，特别是在互联网的连接下，城市和农村呈现一体化趋势。城市治理中面临的困难和挑战也更加复杂和严峻，对我们在座的深度参与城市社会治理的各位同仁来说，如何提高城市治理水平，如何提升人民群众的获得感、幸福感、安全感，就是我们迫切需要解决的问题和难题。因此，从这个意义上说，本次论坛的主题非常切合时宜，也很值得探讨。

作为一名公安院校的教师，我的城市治理工作经验较少，实践不多，在具体的操作层面提不出更多合理化的建议。但是，从一名警察史研究人员以及公安学研究者的角度出发，结合自己在国际国内大城市出差、生活的感受，我觉得有以下几方面内容值得我们重点注意：

一、城市警务工作的目标

城市治理包含了很多内容和要求，警务工作仅是其中的一个重要环节，民众的安全感好坏与我们的工作密切相关。我们首先要对城市警务研究工作的目标有清楚、一致的认识，才能凝聚共识，共同发力，取得满意的结果。我个人认为，“以人民为中心，努力提升人民群众的获得感、幸福感、安全感”就是我们所有城市警务工作的出发点和归宿。习近平总书记提出的“四句话，十六字”总要求，到最后还得落实到“服务人民”上来。因此，我们一定要牢牢把握住“以人民为中心，服务人民”这个牛鼻子，才能保证城市警务研究工作的正确方向。但是在具体实践中，不同地方、不同环境、不同的发展层次，达成相应目标的方法和路径又各不相同。因此，在目标一致的情况下，如何实现目标，需要我们结合实际情况，因地制宜地开展工作，积极思考，寻求最符合自身实际的方式方法。

二、对当前城市警务建设的认识

当前城市警务建设整体情况如何、建设中存在的问题是什么、如何实现可持续发展等问题，都需要我们进行全面、深入的探究和思考。举个例子来说，全国上下都在轰轰烈烈地进行智慧城市建设，必然会存在相应的智慧警务建设问题：什么是智慧警务？需要如何实现？检验和实施的标准是什么？在众多城市社会治理的经验样板中如何选择、确定符合自身实际的城市社会治理警务模式？这些都需要我们认真思考。

三、城市警务建设需要处理好的五大关系

1. 传统与现代的关系。这个关系也可以说是经验与科学的关系。我们需要思考能否用机器设备解决所有问题，有哪些警务工作需要借助外部设施、设备和网络来完成，又有哪些警务工作需要通过警察自身去完成？传统的公安工作经验以及长期总结形成的工作规律是不是落后了？现代警务建设是不是委托几家公司开发办公软件就能实现？在利用现代化手段解决问题的同时，我们应该如何挖掘工作中不断积累的宝贵经验和技术方法，在继承的基础上，利用先进技术来提升工作效率和效能？

2. 理论与实践的关系。当前全国各地区各部门都在积极开展警务模式创新实践，形成了很多各具特色的警务模式，但缺少对这些实践的整体研究、总结提炼，没有抽象出固有的属性和内涵，形成具有普适特点的理论框架和体系，以便在全国范围进行推广和应用。

3. 业务需求与人民需求的关系。公安工作关乎人民的安全、社会的稳定和国家的安宁。在开展警务模式创新的过程中，该如何实现既内部管理有序又让人民满意的目标，形成警队、民众、社会、政府共治、共赢的良好局面？

4. 城市与乡村的关系。在积极关注城市警务的同时，我们对农村警务工作也要予以积极关注和思考，尤其是一些大中型城市的城中村治理，需要研究出有效的治理措施和手段。我想，这也是我们本次论坛的一个重要议题，希望通过大家的讨论得出最优方案。

5. 区域与整体的关系。城市警务工作服务于一个城市，但从战略角度和全局观念来看，还应放眼全国、全社会，考虑整体与局部的协调发展。有时会出现这样的情况：在一个省、一定区域，有的地方城市警务工作成效很好，但是周边较差，或者在一定区域、一定范围内出现不平衡、差距大的现象。从城市警务战略发展的角度来看，我们还应思考共同进步、协调发展的问题。

以上是我的一点粗浅思考。这些问题也许在座的各位领导与学者已经有了自己的答案和选择，也有着自己的价值判断和选择取向。我相信，通过本次论坛的深入、热烈和全面研讨，一定能带给我们更多启示，让我国的城市社会治理走向新的、更高的层次和水平。

预祝本次论坛取得圆满成功。

中国警察协会副主席

马振川在第二届全国城市警务智库建设论坛上的致辞

同志们：

我很高兴来到素有“人间天堂”美誉的苏州，来到著名的常熟，参加由公安部公安发展战略研究所、现代警务改革研究所和江苏省警察协会主办，并由苏州和常熟市警察协会承办的“第二届全国城市警务智库论坛”。首先，我代表中国警察协会对这次论坛的如期举行表示热烈祝贺！向长期以来热心于警学研究和致力于警察事业的各位专家学者和来宾们表示衷心的感谢！

大家都认同这样一个道理，理论指导下的实践才是有意义的实践，才能取得事业的成功。相反，只知道埋头苦干而缺乏理性思考和理论指导，不仅事倍功半，而且很难成就事业。从这个意义上讲，加强警务智库建设，并以智库成果助力警务实践和推动警务发展非常重要。这几年，公安部公安发展战略研究所和现代警务改革研究所作为公安部仅有的两个部级智库，在推动警学理论研究和参助警务决策方面做了很多工作，许多智库成果被采纳和进入了领导决策，发挥了对警务实践的引领和理论支撑的重要作用。特别是依托苏州市警察协会建立的专门研究城市警务的“城市警务研究中心”和“社会治理研究中心”，充分发挥自身优势，主动牵头聚焦新时代城市警务和城市社会治理的理论与实践，尤其是在搭建研究平台、集聚研究人才和整合研究资源打造城市警务智库方面，凸显了基层警察协会的作用，找准了工作的切入点。对此，中国警察协会表示充分肯定，也希望各地警察协会都在组织推动警务理论与实践的研究上有所作为，发挥作用，作出贡献。

这次论坛的主题是“城市警务战略管理与新时代‘枫桥经验’城市实践”，主要围绕如何认识和运用战略管理来推动城市警务工作和事业发展，围绕如何学习借鉴新时代“枫桥经验”从基层基础建设抓起推动城市社会治理，很有理论与实践价值。多年来由于诸多因素的影响，许多城市公安机关习惯于贯彻执行上级的部署要求，对于如何结合自身实际创造性地开展工作和发挥主观能动性还有很大的提升空间；习惯于组织专项安保、专项行动等战役性、集合性的警务工作，对于如何从战略层面即系统性、整体性和前瞻性上谋划与推进警务工作及警务发展的研究还不太多；习惯于追求眼前看得见的警务绩效，对于既立足当前又着眼长远、推动警务事业全面协调可持续发展方面的研究、实践还缺乏系统的谋划。因此，有必要通过专题研究和探讨，充分认识战略管理对于城市警务工作和警务发展的重要性、必要性，科学认知城市警务战略管理的基本要素和操作方法与路径，加深理解新时代“枫桥经验”在城市警务战略发展中的重要指导作用，从而更加有效地组织开展社会治理工作，推动城市警务和社会治理体系与治理能力的现代化建设。

为了推动警察协会利用好自身优势和更好地发挥其在警务智库建设中的特殊作用，我着重强调以下三点：

一是要进一步重视和做强警察协会的智库功能。各地警察协会一般都是由退出一线实战岗位的老警官组成。这些同志长期从事警务工作实践，具有丰富的实践经验和工作方法，其中有些同志既有实践也注重理性思考，这是我们警察团队的宝贵财富。从一定意义上讲，依托地方警察协会开展智库研究，把长期从事警务理论与实践研究的老同志组织起来，静下心来调查研究一些警务发展中遇到的问题，提供辅助各级领导决策和推动警务发展的意见建议，是警察协会的独特优势，也是警务智库应发挥的重要作用。公安部公安发展研究所依托苏州市警察协会建立“城市警务研究中心”后，该中心“上接天线、下接地线”，积极主动作为，在推动城市警务智库建设上发挥了很好的牵头作用，并已通过部级智库向公安部报送了多篇智库专报，很能说明问题。中国警察协会在机构改革之后，也准备着手抓这方面的建设，希望各地警察协会也要重视抓好这方面的建设，做强警察协会的智库功能。

二是要进一步聚焦警务战略管理研究与实践。有这么一句话，“公安工作不缺理念、不缺思路，缺的是有效地落地和执行”。其意思是说，每年的公安工作怎么干，从公安部到基层所队都会层层作出部署，提出明确要求。但是，同样的部署要求到了地方，执行落实的效果却不尽相同，地区之间、警种之间的警务发展存在差距，甚至差距很大。究其原因，主要是所在地警方是否把上级的部署要求与本地实际、实践有机结合起来，是否善于在把握上级工作意图的基础上，根据实际情况，认真谋划自身发展的战略规划，并认真组织实施，从而做到既很好地实现上级的决策意图，又推动了自身事业的良性发展。因此，警务战略管理特别是城市警方如何自觉地运用战略管理来推动各项工作和警队事业发展，既是需要深入研究的理论课题，也是重要的实践课题。希望各地警察协会重视和注意这方面的理论与实践研究，为推动城市警务战略发展尽些微薄之力。

三是要进一步推动警察协会研究成果参助警务决策。从一定意义上讲，警察协会的警学研究更趋于公正性，也更为超脱，研究反映的情况更为实在，提出的意见建议也比较中肯。因此，建议各级公安机关特别是各级领导要重视警察协会的调查研究成果，并通过建立专门的传送渠道和审阅制度，让警察协会的研究成果真正进入领导的视野，辅助其决策，从而有助于激发警察协会同仁们智库研究的积极性与能动性。

预祝本次论坛取得圆满成功！祝各位专家学者和论坛代表身体健康、工作顺利！谢谢大家！

论坛上，国务院发展研究中心公共管理与人力资源研究所副所长李国强，上海市美国问题研究所研究员倪建平，江苏省社科联党组书记、常务副主席刘德海，公安部公安发展战略研究所副所长杨昌军分别作了主题演讲。

这届论坛以“城市警务战略管理与新时代‘枫桥经验’城市实践”为主题。论坛分主题演讲和“城市警务战略管理”“新时代‘枫桥经验’城市实践”“城市警务改革创新”三场专题报告，研究者分享成果，专家学者现场点评，交流经验，碰撞思想，强调要以习近平新时代中国特色社会主义思想为指引，践行新时代“枫桥经验”，进一步聚焦警务战略管理，推进城市社会治理，努力打造高水平的城市警务智库，以提升地方公安机关履职能力，加快形成共建共治共享的城市社会治理新格局，不断增强人民群众的获得感、幸福感、安全感。

本届论坛共收到来自全国21个省（自治区、直辖市），79家公安机关、院校、警察协会等单位的共168位作者报送的论文134篇，经专家组评审，26篇论文获得一等奖，35篇论文获得二等奖，53篇论文获得三等奖。论坛活动中举行了“顺龙杯”有奖征文颁奖典礼。

论新型智库建设

——在“第二届全国城市警务智库建设论坛”上的演讲

刘德海 *

摘　要：新型智库要成体系，有机制。新型智库是研究导向机制、资源配置机制、成果转向机制和人才培养机制。真问题、新问题和精准的问题才有资格成为智库研究的导向性问题。智库研究与学术研究在问题指向、创新指向、追求境界、研究路径、支撑条件、研究模式等方面是不一样的，与机关一般性的调查研究报告也不一样。智库既要出对策成果也要出思想成果，既要出影响政府决策的成果也要出影响社会的成果，既要出服务于地方的成果也要出对全国产生影响的成果，既要出对策也要出经验、出典型，既要出智库产品又要出人才。

关键词：新型智库　智库研究　智库产品

我代表江苏省社科联，对这届全国城市警务智库建设论坛的成功举办表示祝贺！

在座的各位领导和专家都是务实的，大多是研究城市警务的，那么我就“务虚”地谈谈对智库建设的认识和看法。主要包括以下四个方面：

一、建设智库的同时要研究智库

我们既要建设智库，同时还要研究智库。如今，中国智库“热”起来了，这是个好事。但同时我们也要思考，中国的智库是在什么背景下“热”起来的？中国的智库是在一种组织推动、行政推动的背景下“热”起来的，是在某个方面准备并不充分的情况下“热”起来的。其中就包括理论研究不充分，也就是对智库理论研究不充分。这个问题很重要。我们都关注怎么建设智库以及智库研究什么，但其实，智库本身也是需要研究的。把智库研究透彻了，既有利于我们建设智库，也有利于智库的运行与发展。

* 刘德海，江苏省哲学社会科学界联合会党组书记，常务副主席。

党的十九大报告强调要加强中国特色新型智库建设，我就此提出三个问题：第一（很重要），如何成型？第二，“新”在哪里？第三，“特”在何处？

如何成型？很多人把这个“型”字忽略了，什么叫成型呢？举一个例子，说小孩子“坐没坐相站没站相”，是因为他还要成长，所以叫“不成型”。人成年后变得成熟了，他就“成型”了，才能“站有站相坐有坐相”。“特”主要是指具有中国特色。“新”和“型”则体现在两个方面：第一，体现在体系上。智库是有体系的，我们以往更关注智库个体，而很少关注智库体系。一个国家、一个地区的整体智库水平，难道仅仅取决于少数的，一个两个高端智库的水平吗？不是，是取决于你是否形成了体系：规模比较适中，结构比较合理，分工要明确。只有形成了智库体系，才能说智库发展水平高。第二，体现在机制上。没有机制的话，智库就是零碎的、随意的。

新型智库的机制跟以往智库机制的不同之处主要体现在四个方面：第一，研究导向机制。我们一直强调理论建设要关注现实，但效果却不明显，究其原因，人们通常只限于一般性的号召，缺乏一种平台、一种杠杆。而新型智库就提供了这种平台、杠杆，所以现在越来越多的专家、学者开始关注智库，开始参与到智库建设中来。第二（非常重要），资源配置机制。国家是资源配置机制，而新型智库也是这样一种配置机制。企业、社会与高等院校、科研院所、专家学者和新型智库形成对接，其资源就配置起来了。第三，成果转向机制。传统的研究一般是自己研究自己发表，但这会遇到很多问题，如怎么才产生社会影响、怎么影响决策、研究的成果怎么转化等。新型智库不一样，它是开放的。新型智库的人员构成不仅是专家学者，还有正在各部门工作的同志，以及不同企业的同志。第四，人才培养机制。传统研究是导师带徒弟。新型智库不一样，其更强调团队协作，强调协同公关的能力。新型智库对人才的培养带动作用比传统研究更强。

二、智库研究的导向

我们都知道在智库研究过程中要坚持问题导向，但为什么强调这么多年，问题导向虽有效果但却不明显呢？或许我们要反过来思考，到底哪些问题才有资格成为研究的导向？

我认为以下三个问题才有资格成为研究导向：

第一，真问题。真问题是相对从书本概念范畴出发推演的一些问题，这些问题从学术角度讲是真的，但从现实针对性来讲，则是些“假”问题，即空问题、伪命题。所以，作为导向的问题必须是现实中产生的真问题。

第二，新问题。新问题就是正在做的、正在发生的和将要发生的，也就是具有前瞻性、带有方向性的问题。这才是我们应该关注的问题。

第三，精准的问题。是指问题要有针对性。很多人搞研究的题目太大、太空。这种大而空的题目通常只能研究出泛泛的结果。

三、如何开展智库研究

智库研究，第一，要区别于学术研究，特别是要区别于社会科学方面的学术研究；第二，要区别于机关一般性的调查研究报告。智库研究与学术研究大概有六点不同：

1. 智库研究与学术研究的问题指向不一样。学术研究指向学术问题、理论问题，因此可以躲在“象牙塔”里进行研究，不用管春夏与秋冬，这是可以的。但是智库研究指向的是现实问题，这便要求你必须走出“象牙塔”，必须深入到基层，深入到实际，深入到群众中去。习近平总书记在 2018年 8月 21日全国宣传思想工作会议上对宣传干部提出要在增强“四力”（脚力、眼力、脑力、笔力）上下功夫，值得我们智库研究者学习。

2. 智库研究与学术研究的创新指向不一样。学术研究追求的是原始创新，是一种从零到一的转化、从无到有的转化。学术研究追求的是把知识边界、理论边界、学术边界不断往前推进。智库研究追求集成研究，是“一加一”的创新。前面一个“一”是理论，这个理论可以来自你自己，也可以来自其他人；后面一个“一”是对实践问题的审视，对问题的剖析。因此，“一加一”的创新就是“理论加实践”的创新。

3. 智库研究与学术研究的追求境界不一样。追求境界不同是指追求的时效性不一样。研究存在时效性，尤其是对智库研究来说，时效性非常重要。我们要努力使智库研究走在实践的前面。因为智库的研究成果要为领导决策提供理论支撑、实践案例或决策依据，必然要走在实践的前面。要让智库研究与实践的准备工作同步进行，只有这样才能实现理论与实践的双向互动。进行学术研究则不需要过于讲求实效性，几年、十几年出一本书都没问题，而智库研究则应该论月、论周，甚至是论天进行。

4. 智库研究与学术研究的研究路径不一样。学术研究从范畴、概念、命题、判断出发，寻找其背后的历史和逻辑，尤其是思想逻辑、理论逻辑等，实际上是把简单的问题复杂化的过程。反过来看智库研究，则是把复杂的问题简单化。智库研究注重解决实际困难，最终要针对问题提出对策建议，其结果要具有可操作性。

5. 智库研究与学术研究的支撑条件不一样。学术研究具有学理支撑，其信息、数据不一定是最新的，历史数据也可以加以运用。而智库研究则不同，智库研究对信息、数据的要求比较高，可以用“新、准、大”三个字概括：一是要新，必须运用最新的数据。二是要准，要有准确的数据，这样才能得出科学的结论。当前许多智库研究不深入，没有准确数据作支撑，其结果都是些泛泛的东西，也就无法运用到决策中去。严谨的智库研究应该设立观测点、监测点，设立“政策实践”的实验室，这样才能得到有价值的结果。三是要大，运用大数据。零碎的数据有时很难完全说明问题，只有大数据才能说明“大问题”。

6. 智库研究与学术研究的研究模式不一样。学术研究主要是专家、学者单独研究，是个体式研究。而智库研究讲求团队合作，需要各方面力量予以支持。

四、智库研究的成果

智库研究要取得什么样的成果？

第一，智库既要取得对策成果，也要取得思想成果。虽然大多数智库研究更关注对策成果，但不要忘了智库的本质是“生产”思想，所以我们在得出对策建议时，千万不要忽视思想性。真正有思想的东西，影响会更广泛、更长远、更深刻。当前的智库研究主要有两个缺点：一是对策建议的针对性、可操作性不够；二是缺乏思想性，不能产出有思想的内容。

第二，智库既要取得影响政府决策的成果，也要取得影响社会的成果。当前智库的研究主要是为了服务领导机关，研究结果得出后报送给领导，再由领导决定是否将此用于决策。这是对的，服务大局、服务决策没有任何问题。但是，我们千万不要以为这是智库研究的唯一作用和功能。智库研究还有一个重要内容就是影响引导社会。其要启迪民智、凝聚人心，要引领社会、平衡社会心态、理顺社会情绪。这些都是智库研究要达到的目的。

第三，智库既要出对策，也要出经验、出典型。经验、典型非常重要，毛主席曾说他是靠总结经验吃饭的。毛主席把经验提到了多么高的地位啊！邓小平曾说，我们总结长期历史经验得出的基本结论就是走自己的道路 ，建设有中国特色的社会主义。后来习近平主席也讲，我们要善于总结我们改革开放的经验，把它上升到系统化的理论。所以，善于总结经验是中国共产党非常重要的领导方法。其实，总结经验是为了更好地向前看，更好地向前进。一个经验看似是一个单位、一个行业或一个地区的个性化产物，但共性寓于个性之中，所以个性化的经验往往会产生巨大的影响。乡镇企业发展的经验、改革开放以来城市治理的经验等，这些经验总结出来对全国都有借鉴作用，其价值是多么大呀！比形成一个对策建议的影响要大得多。所以我们要重视经验、典型。典型就是我们的工作方法，即以典带典，以典型引入，所以我们要出典型。如果我们的智库能发掘出真正影响全国的一条、多条经验或几个典型，那我们起到的作用就大了，比形成几条具有针对性的对策要有价值得多。

第四，智库既要出智库产品，又要出人才。人才是智库最核心的资产，因此我们要大力培养智库人才，科学用才，组建智库人才队伍。这点，江苏就做得很好，其成功打造了有活力有特色有影响的“智库苏军”。

第五，智库既要取得服务于地方的智库成果，也要取得对全国产生影响的智库成果。在这方面，对江苏是有特殊要求的。从邓小平到习近平，都要求江苏走在全国前列。而且习近平说得非常明确，江苏要为全国改革发展探路，这其中就包括城市警务发展、社会治理的现代化等方面。江苏要为全国探路，也说明江苏的智库成果要直接服务于全国，而苏州的智库成果要直接服务于江苏，同时要创造具有全国影响的典型经验。

综上所述，我向各位领导、专家和老师分享了四个方面的想法，请大家批评指正，谢谢！

关于警务绩效与警务战略发展的思考

张跃进 *

摘 要：警务绩效考核及其考核结果的运用直接影响和决定着警队的价值取向，直接影响到警务战略的发展，其应具有“为民取向”“潜绩取向”“长远取向”和“实劲取向”。制定警务绩效考核指标及运用考核结果时，要处理好内部考评与外部评价、显绩与潜绩、立足当前与着眼长远、投入与产出、过程与结果等几个关系。现在警务绩效考核存在考核内容、考核方式、考核结果运用不够科学的问题，这与上级部门有“私心杂念”、对绩效考核特性有误解、警队主要负责人的政绩观有功利取向等有关。现有的警务绩效考核体系和机制已很难适应警务战略发展的要求，必须以加快警务绩效考核的改革来推动警务战略发展。“五度”警务绩效考核体系考核警队工作的人民满意度、治安掌控度、资源整合与能力提升度、警营和谐度、党委政府和上级机关认可度，紧紧围绕公安部“发案少、次序好、社会稳定、群众满意”的要求，围绕警务发展的战略目标，紧贴人民群众新要求、新期盼。其实施后最为显著的改变是苏州警务发展的理念和方式有了根本性的变化，促进苏州警务工作和警队建设产生一系列可喜的变化。

关键词：警务绩效考核 警务战略发展 “五度”警务绩效考核体系

要想推动警务战略有效实施，必须要有相应的警务绩效考核来导向和激励，而且绩效考核的科学性往往影响着警务战略实施的效果。因此，推动警务战略发展必须深入研究并改革创新警务绩效考核制度。

一、警务绩效考核与警务战略导向

警务绩效考核与警务战略的有效实施有着直接关联，人们在制定警务绩效考核方案时，要看绩效考核指标是否真正体现了警务发展战略的价值取向和愿景、目标。如果指

* 张跃进，公安部智库“公安部公安发展战略研究所”副所长，城市警务研究中心主任，江苏省公安厅“三长（派出所长、刑警队长、交警队长）”学校校长。

标能够体现警务发展战略愿景和战略目标要求，那么这样的绩效考核不仅符合战略意图，而且可以当作战略执行中的主要手段和措施。如果所这些绩效考核指标不能体现警务发展战略的价值取向、愿景和目标，那么它不仅不符合战略意图，还很可能形成“警务发展战略愿景、目标”与“警务发展战略的执行和实施”“两张皮”的现象，因而必然会妨碍警务发展战略的有效实现。为此，必须深入研究警务绩效考核的内涵及其与警务发展战略的诸多关系。

（一）警务绩效考核的特点

警务绩效考核是指上级警队对下级警队的整体或单项工作，通过制定相应指标，以一定监测程序和手段进行衡量的活动，其目的是引导和督促下级警队乃至每一个警队同仁按照考核指标要求认真、努力做好警务工作。这是有效推动警务战略意图和战略目标实现所必须采取的战略手段和对策。

警务绩效考核通常有以下特点：一是导向性。一般警务绩效考核的各项指标都是上级对下级的工作要求，上级像“指挥棒”一样指挥下级重点做什么、追求什么目标，具有十分鲜明的导向性。二是激励性。警务绩效考核及其相关考核结果的运用，可以让警队负责人及其警队同仁有自我价值实现之感，具有很强的激励作用。三是竞争性。由于考核的刺激，促使警队与警队之间、警队成员之间开展竞争，为追求比其他警队或其他人有更好的成绩而努力奋斗，从而营造良好的竞争氛围。四是可监测性。警务绩效考核一般会将考核指标进行量化，并通过纸质台账、网络数据等来检验，具有一定的可监测性。五是价值取向性。警务绩效考核的内容、方式和结果运用，基本体现了上级对下级警队价值观的导向。

（二）警务绩效考核的价值取向

警务绩效考核及其考核结果的运用，直接影响和决定着警队的价值取向，无疑也直接影响着警务战略的发展。笔者通过对一些警队的绩效考核情况进行研究，发现警队绩效考核直接影响和作用于警队价值取向，主要有以下几种价值取向：

一是“为民”与“为名”的取向。当警务绩效考核真正贯彻民意导向时，不管在指标项的设置上，还是在权重配置、监测方法和结果运用上都能体现民本优先，就必然引导警队同仁为人民群众的利益认真负责地做好警务工作，民意主导警务才能比较好地实现；当警务绩效考核过于突出刚性数字时，便会在客观上形成各个警队及各警队同仁之间互相攀比的现象，加上对考核结果靠前者予以重奖、对靠后者严厉处罚、“末位淘汰”等结果运用制度，必然导致警队只顾“争名夺利”而不顾及群众的感受。“清网”期间，有些地方为了鼓励下级多追回网上挂账逃犯，采取重奖重罚的政策，结果导致一些地方出现警方把全部警力派出去而本地警情没人接处、案件没人侦办、服务管理工作没人做等问题。

二是“显绩”与“潜绩”的取向。当警务绩效考核着重引导警队多做打基础的工作、多在科技信息化建设和应用上动脑筋、下功夫时，该绩效考核便导向下级警队及其警队同仁多做默默无闻积攒后劲的工作，多做为实现警务战略意图而必须加强的基础性工作；当警务绩效考核着重引导警队过于追求“显绩数字”，过于“以数字论英雄”时，必然导向急功近利。

三是“当前”与“长远”的取向。若警务绩效考核不仅在指标项的确定上，而且在推进结果的监测和结果运用上鼓励立足当前、着眼长远，多做有利于长远的工作，那么自然导向“功成不必在我，久久为功”，多做打基础管长远的事，自然符合警务战略发展的自身要求；若警务绩效考核的指标项鼓励的是“过程热闹”“数字好看”，那么必然导向“唯数字”“好面子”“争牌子”，即只顾追求当前工作某些数字、上级领导表扬和争夺先进奖牌，以至于削弱了基层基础、发展后劲。

四是“虚功”与“实劲”的取向。若警务绩效考核注重的是基础实力、常态运行和实际能力，那么其导向的是求真务实和真抓实干，这正是实施警务发展战略所需要的警队价值取向；若警务绩效考核注重的是一些动作性的、过程性的和“高大上”的东西，体现的是动静大、动作多和服从性强，那么必然导向“玩虚功”“玩概念”“玩噱头”，甚至“沽名钓誉”、弄虚作假。

（三）警务绩效考核应处理和把握好的若干关系

从上述警务绩效考核导向的价值取向可以看出，作为警务战略发展重要支撑的警务绩效考核，应该更多地导向“为民取向”“潜绩取向”“长远取向”“实劲取向”，坚决抛弃只是为了数字、面子和牌子而妨害老百姓利益、妨碍警队长远发展的价值取向。在制定警务绩效考核指标和结果运用时，主要应该处理好这样几个关系：

一是内部考核与外部评价的关系。警务绩效考核的主要目的是考查各警队的警务工作情况，自然应该突出内部绩效考核。但是，警务工作和警务发展最终是为了让社会稳定和百姓安居乐业，提升百姓的安全感和执法公信力，这就需要警务绩效考核更多地重视外部的评价，尤其是真正能够体现百姓对警务工作和警察感受的评价，并重视评价结果的运用，以正确和科学地导向警务发展。

二是显绩与潜绩的关系。警务绩效考核往往注重看得见和可量化的数字，这是具有合理性和可操作性的。但是，过于突出“显绩”而忽视很难一时用数字衡量但确实影响未来发展后劲的“潜绩”，警务工作必然与其警务战略发展的目标相偏离。例如，在破案打击与防范管理的关系的处理上，如果一味看重“破了多少案、抓了多少人”等看得见的绩效，不注重在防范管理等基础建设上下功夫，那么必然“重打轻防”，导致打不胜打、防不胜防、管不胜管，不利于地区社会稳定和治安管理，从而有悖警务战略发展的初衷。又如，在运用科技信息化手段侦查破案与基础信息数据采集的考核上，如果一味看重运用科技信息化手段侦查破案，忽视基础信息数据采集的基础性作用，必然影响基层基础数据采集的积极性和能动性，从而妨碍警务大数据建设的战略推进。因此，警务绩效考核必须既看得到“显绩”，又注重“潜绩”，尤其是在对防范打击犯罪方面的指标和基础信息化等工作指标的确定和结果运用上，一定要突出鼓励多做“防”的工作、多做“基础采集”的工作。

三是立足当前与着眼长远的关系。警务绩效考核自然是对当前工作进展情况的实际考评，是警务战略发展进度的监测和检验。但是，当前利益与长远发展二者关系如果处理不好，往往会出现偏差。例如，有的为了当前的数字好看、面子有光和牌子耀眼，把警务资源倾斜于相关指标上，甚至让民警加班加点去突击增加那些体现当前工作绩效的数字，将那些有助于长远发展的基础建设、整合资源的工作丢在一边。这样做的结果是：当前的绩效上去了，但长远发展反而减缓甚至停滞了。因此，警务绩效考核必须既立足当前更注重长远发展。

四是投入与产出的关系。警务发展需要不断投入，这也是长远发展的需要。但是，对于投入成本与产出效益的关系的处理往往容易忽视，有的甚至只顾投入不顾产出。例如，有的警队负责人只是陶醉于争取到当地政府投入多少资金、搞了多少建设项目、开展了多少工程等，而忽视如何有效地运用好这些资金、这些建设项目和工程，忽视如何最大限度地发挥这些资金和工程的效用。因此，警务绩效考核应该导向警务投入与产出并重，尤其应该导向如何盘活现有警务资源，尽可能让现有的警务资源发挥更多更好的效用。

五是过程与结果的关系。警务发展需要通过一个个阶段和一系列过程才能实现战略意图，阶段性、过程性考核在所难免。但是，不能过于看重过程，尤其是一些虚幻的过程。例如，有些警务绩效考核主要考查“上报了多少条情报信息”“有没有建立领导小组和工作班子”“机构有没有单独设立”“配置了多少专职人员”“是否贯彻了会议精神”等。这样的考核，无疑是让人们为迎合上级去做虚功而不是求真务实干实事。因此，警务绩效考核应该更多地考虑警务战略发展的需要，更注重在推进警务战略发展方面实际的工作成果和工作进展，以免误导。

二、警务绩效考核现状的战略思考

现在各地警界比较普遍地存在这样一个问题，即绩效考核与警务发展战略目标不尽相同。一方面，有试图通过几年的努力全面提升警务发展的战略构想，即有好的战略愿景和目标追求；另一方面，在执行和落实警务战略时，特别是在日常的警务工作组织推进中，还是以与警务发展战略价值取向和愿景、目标相悖的思路开展考核，其实质还是以不切实际和不能有效体现警务发展战略的绩效考核来主导工作，说得更明确一点，还是“以打处绩效论英雄”的导向来组织推进警务工作，每年看似警务绩效不错，但警务发展质态不够理想，特别是警务基础建设、实力能力建设和警队生态建设不仅没有加强，反而不断削弱，被戏称为“高分低能”。对于警务绩效考核的现状，我们可以做一些理性思考。

（一）警务绩效考核存在的问题

从警务战略发展的视角分析，有些地方的警务绩效考核存在一些问题。一是考核内容不够科学。例如，对各级领导干部缺乏明确、系统、科学和全面的考核办法，对团队的考核缺乏统筹兼顾、整体规划，“重打击、轻防范”“重数字、轻实绩”等问题较为突出，导致一些警队负责人只重当前而不计长远，往往是工作做了不少却偏离了主题，民警辛辛苦苦付出却得不到百姓的理解和认可。特别是考评内容与“发案少、秩序好、社会稳定、群众满意”的战略目标不完全匹配，一些事关社会和谐稳定、事关科技信息化建设、事关和谐警民关系等涉及警方重大职责任务、涉及警务工作长远发展的内容，未能在绩效考核中得到充分的体现，无法发挥考核价值引导的作用。二是考核方式不够科学。被考核对象往往只是基层警队特别是派出所，机关警种部门只是制定考核标准，在战略绩效管理中置身事外，不仅无法调动自身的积极性、能动性，而且容易引起基层部门的不满。在考核方法上，缺乏统一的、可信服的论证和统计手段，大多采取网上和实地检查工作台账和看报表数据的简单方式。基层在忙于实战工作的同时，还要疲于应对上级部门布置的各类台账报表，不仅重复劳动、资源浪费，而且容易产生数字造假问题，严重背离了绩效考核的设计初衷。由于考核内容和考核方式的不科学、不严谨，考核结果不能充分反映警队的实际工作绩效，也体现不出一些警队领导干部的努力程度。三是考核结果的运用不够科学。要么考核归考核，考核结果不运用；要么过度“重奖重罚”，完全凭借绩效考分来重奖和重罚，有的甚至动辄搞“末位淘汰”“诫勉谈话”，尤其是仅因为某个人出了违法违纪问题或者瑕疵“硬伤”而让整个团队被“一票否决”。这些绩效考核的不科学往往会给绩效考核应有的公正性、合理性和有效性大打折扣，甚至可能扭曲警队的政绩观。

（二）警务绩效考核的深度思考

深入分析和思考一些地区警务绩效考核的情况，有一些深层次问题值得重视。一是绩效考核不科学与上级机关部门的“私心杂念”。现在许多警务绩效考核，说穿了就是上级机关部门之间利益博弈的产物。与警务战略发展要求相对应的警务绩效考核，应该是围绕警务战略目标和策略设置的绩效考核，但现在的警务考核大多是上级机关工作职责的延伸和任务的下交，更多的还有体现自己这个部门的权威性、存在感的思维考量。为此，警种部门之间“争分夺利”，生怕自己的部门在警务绩效考核中成绩太差而对不起上下条线部门，生怕对上对下地位有影响等，以至于最终所形成的绩效考核指标往往是警种部门各项工作的“大杂烩”，而最能体现警务绩效的破案打处数等指标也就“天经地义”成为了主要的衡量标准。科学的警务绩效考核应该紧贴警务战略目标和策略，从大的方面、按照长远发展的要求和从全面协调可持续发展的要求，来科学地设置警务绩效考核的指标和确定考核绩效结果的运用。二是绩效考核的不科学与对绩效考核特性的误解。警务绩效考核具有激励性和竞争性，但它与企业绩效考核的竞争性是有区别的。企业更多的是同行竞争，是为了打败对手占领更多的市场，争取更多的利益，这是市场经济法则使然。警务绩效考核应该导向维护一方平安、让老百姓更安全更满意，做到打基础管长远，追求的是全面协调可持续发展，是同行之间共同发展、协同发展，而不能导向同行竞争和警队成员之间一比高低甚至“拼死拼活”，否则有悖于警务发展的价值取向，有违警务战略发展的目标追求，并必然地导致警队同行之间、警队成员之间相互“挤兑”、相互信息封锁、相互提防戒备、相互不买账不服气、相互背后拆台。尽管合成作战推行了多年，但一些地方警队仍然形不成有效的合力，这并不只是体制的问题，而是不科学的绩效考核带来的弊病。三是绩效考核的不科学与警队主要负责人的功利取向。警务绩效考核最为在乎的肯定是警队的主要负责人，这既有面子问题，也直接影响到上级对个人能力水平的评价，甚至还关乎其以后的升迁。所以，绝大多数的警队主要负责人都希望自己所在的警队有不俗的表现，有的则明确表示“保证前三，争取第一”。在这样的功利取向下，对于上级下达的绩效考核指标，往往采取层层分解、层层加码、指标下压的方法，以确保绩效考核名次靠前。有些警队主要负责人明明知道单纯应付绩效考核对警队的长远发展、科学发展没有好处，但为了数字、面子和牌子仍然“乐此不疲”。事实上，真正为了警队的战略发展，必须坚持“三要三不唯”，即要数字但不能唯数字、要面子但不能唯面子、要牌子但不能唯牌子，在不违背上级战略意图的前提下，尽可能从自身战略发展层面动脑筋、想办法、下功夫。这样做，可能一时的数字不好看、上级领导褒奖不多、名次比较靠后，但作为警队负责人应该抛弃一点名利，多一点敢于承担风险的责任担当。

（三）警务绩效考核与警务战略发展

绩效考核导向发展方式，发展方式决定战略意图和目标的实现。近年来，许多地方公安机关公开打出“民意警务”“民生警务”“民心警务”的战略旗号，但往往遇到上级的绩效考核指标时感到面有难色，被动地按照上级的考核指标来组织推进相关工作。究其原因，是民意并没有真正主导警务，仍然以上级的考核“指挥棒”及警务数据“GDP”来主导警务工作，导致考核数据越来越“好看”，但离百姓的愿望越来越远。例如，前几年，南方某城市警方的主要负责人到苏州考察，听了苏州全面推进警务现代化建设以及相关警务改革情况后激动无比，能感受到他“看了听了很触动，对标找差有冲动，回去一定马上动”，但在私下交流时，这位负责人表示，他的注意力仍然还在破案抓人上，甚至说他年内的目标是抓人数要比前任负责人在任时多50%。很明显，他只是对苏州警务机制改革和一些科技信息化项目感兴趣，而并没有关注苏州警务发展理念和思路，更谈不上警务战略发展。果不其然，这位负责人依然按照传统警务发展的套路来组织推进其城市的警务工作，警务事业没多大发展，反而搞得警队内部怨声载道，没两年他就被调离了。笔者在这方面也有深切体会。在主持苏州警队工作之初，因为当时的警务绩效考核以破案打处数等数字为主要导向，警队的警力和精力、警务资源始终倾斜破案打击，不仅处于破不胜破、打不胜打、防不胜防的被动局面，而且妨碍了其他工作特别是基层基础工作的开展，制约了警务战略发展。后来明确以人民满意为主导，全面取消了破案打处数等数字指标，推出了以“人民满意度”打头并占主要权重的绩效考核，引导一切警务工作都要围绕百姓的满意和认可来开展，打基础、管长远，一步一个脚印地推进警务战略发展。最终，各项警务工作越来越顺当，基层基础越来越厚实，警队实力越来越强，服务保障百姓安居乐业的能力水平越来越高。实践证明，警务绩效考核导向与警务战略发展关系十分密切，只有民意导向的警务绩效考核，才能主导警务事业的良性发展，才能日益符合警务战略发展的意图和目标。

三、警务绩效考核助力警务战略发展的路径选择

警务绩效考核体系是否科学，不仅关系着对警务工作成效的衡量，而且关系着警队的价值取向，关系到警务战略能否有效实施。因为，政绩观决定着警队负责人和警察同仁的努力方向，而警务考核体系则直接影响着警队负责人和警察同仁的政绩观，从而影响着警务战略的实施和战略意图、战略目标的实现。

（一）“五度”绩效考核的由来和意义

长期以来，警队中重打击、轻防范和破案打击数越多、绩效越好、受到褒奖的概率越高的情况始终存在，尤其是到了基层，破案打击数字往往成为衡量警队干部绩效和能力的主要依据。在这样的思维定式影响下，警务工作自然围绕侦查打击来展开，就出现了哪个地方治安乱、违法犯罪突出，哪个地方警队的绩效就好，可谓“乱世出英雄”，以至于忽略了基础防范工作，严重制约了警务战略发展。早在八年前，就有民警在给笔者的网上来信中说：“把打击处理数作为主要指标，在当前已经显得不合时宜了，指标定得一年比一年高，达不到的就‘硬凑’，提前达到就‘万事大吉’。如果今年数量比去年少，上面就会觉得你工作退步了，就要扣分扣钱和取消评先，等等。这是什么逻辑，难道就看不得我们治安朝好的方向发展吗？这种绩效考核导向也该改一改了！”这些话说出了基层广大警察同仁的心声，也与当时正在构思警务转型发展战略的笔者及警队班子成员的想法不谋而合，于是就有了“五度”警务绩效考核体系。

“五度”警务绩效考核，是紧紧围绕公安部提出的“发案少、次序好、社会稳定、群众满意”的要求，即围绕警务发展的战略目标，紧贴人民群众新要求、新期盼，推出的以人民满意度为核心指标的考核体系。一是人民满意度，考评内容主要是群众满意测评体系、源头性执法执勤工作、涉法信访工作、社会矛盾化解工作和作风效能建设及网上沟通办事能力等。二是治安掌控度，考评内容主要由维稳工作、控制违法犯罪活动、

打处能力、社会治安管理等方面构成。三是资源整合与能力提升度，考评内容主要涉及社会资源整合、警察教育培训、信息化建设与运用、科学用警等方面。四是警营和谐度，考评内容主要涵盖警队内部测评、民警休息休假执行、“警营恳谈”活动情况、勤政廉政情况等方面。五是党委政府和上级机关认可度，考评内容主要是警队依法履职、专项工作（行动）推进、当地党委政府和上级机关的评价等情况。这一新的考核体系中，人民满意度占比最高，达到30%，目的是要让全体警察同仁真正确立“民意主导警务”的警务发展理念，把百姓的安全感和满意度作为评判警队工作的主要标准；将破案打处数等业务性指标占比下调到20%，而把事关警务战略发展的资源整合、能力建设和生态环境等列入警务绩效考核，以期导向警务工作全面协调可持续发展。

“五度”警务绩效考核的作用，最为显著的是使警务发展的理念和方式发生了根本性变化，促进苏州警务工作和警队建设产生一系列可喜的变化。从大的方面来看，警务发展真正实现了民意导向，一切都是为了城市的安宁和百姓的安居乐业。从具体的变化来看，在警力基本没有改变而工作量大幅增加、管理难度增大的情况下，掌控社会稳定和治安的能力明显提升，群体性事件的发生次数、规模和现场滞留时间实现了“三个明显减少”的目标，违法犯罪警情逐年稳步减少；侦查打击犯罪的能力显著提升，在不下达刚性指标的前提下，侦查破案和打击犯罪的数量、质量每年持续提升；执法规范化水平明显提升，在警务执法量占全省25%左右的前提下，涉法信访仅占全省5%左右，连续多年执法考评全省第二，成为全省执法规范化示范单位；基层基础建设水平明显提升，基础信息数据助力侦查破案在整个案件侦破中的占比达75%以上；警营内部和谐度和凝聚力明显提升，基层警察基本保证休息休假，80%以上的警察表示对警队的认可，97%以上的警察对市局的决策表示支持；警民关系建设水平明显提升，群众安全感、满意度连续多年位列全省前列，比较好地实现了“党委政府满意、上级机关满意、老百姓满意和警队同仁满意”的战略目标。

（二）“五度”绩效考核制定和实施的启示

笔者作为“五度”绩效考核的创造者和组织推动者，感觉以科学的绩效考核来推动警务战略发展，确实有许多值得研究和实践的方面。

一是绩效考核体系本身应讲究科学性。首先，绩效考核的目的要符合战略发展的科学要求，即绩效考核必须与警务战略绩效目标相一致。作为警务绩效考核的主要导向，应该通过警务战略发展让社会更安全、百姓更满意。其次，绩效考核内容要科学合理，考核的是事关警务战略发展的重要方面和重点工作，而非各项业务工作和队伍管理的具体事项，更不是各个警种部门具体工作任务和要求，一定要突出全局性，淡化各警种部门的业务色彩。再次，绩效考核方式方法要科学，应多采取能够体现客观公正的手段和方式方法，更多地从计算机系统抽取相关考核数据，通过由固定的、随机的和窗口即时的“三个权重”所构成的社会评价考核，让绩效考核考出真实的情况。最后，绩效考核的结果运用要科学，既要赏罚分明，也要赏罚有度。无论是在制定考核时，还是在兑现结果时，都应该考虑多一点普遍性的激励，多一点对用心善治者的鼓励，多一点对真抓实干者的奖励。笔者与班子成员曾尝试对各单位按绩效情况分别予以一、二、三等奖，即使绩效分值靠后也给予三等奖励，而不是搞“末位淘汰”“末位问责”的简单化做法，实际效果很好。这样做的好处是，奖励靠前的，感觉有成就感，受到激励；激励靠后的，感觉既有压力，又对组织上没有“一刀切”全盘否定一年的心血而颇为感动，也深受鼓舞和激励。同时，这样做还避免了可能出现的彼此不服气、不买账而影响对警队和谐关系的结果，有助于警营良好生态的建设。

二是面对上级考核和重点工作应保有科学的态度。上级考核对于下一级来说，确实具有导向性和制约性，不得不引起重视和认真对待。但是，如果要实现警务的战略发展，就应该吃透上级考核特别是绩效指标的内涵和设置的意图，然后尽可能地将其融合到本地的警务绩效考核体系之中，而不能简单地把上级的绩效考核特别是具体的指标层层分解，甚至层层加码。其实上级的绩效考核是对下级整个警务工作而言的，下级警队不仅要考虑如何通过统筹建设和发展来实现上级的绩效导向，还应该从当地警务战略发展层面来考量，以达到既能实现上级考核意图，又不影响本地区警务战略发展的进程，千万不能把上级下达的指标简单地层层下压。同时，作为警务战略发展主体的警方，应理性地应对可能来自上级的重要工作和突击性工作部署对警务战略发展特别是绩效考核体系的影响，始终保持应有的定力。因为，从全国和全省而言，阶段性和突击性的警务工作部署不可避免，有许多工作部署都要求全警动员全力以赴，甚至还有些工作下达阶段性的绩效考核指标和奖励政策，不断以排名来给下级施加压力。在这样的情况下，是坚定不移地按照既定的警务战略规划和绩效目标推进，还是把警务战略规划和绩效目标弃置一边而被迫“紧跟”上级部署，这是考验警方战略定力的“试金石”，可谓是重大的战略考验。实践证明，在这种关键时刻如果能够“扛住”压力，并寻求出既能实现上级重大警务工作部署意图，又能不打破既定的基于警务战略发展的工作思路和绩效目标，对于警队上下坚定战略发展的信念和“同频共振”推动战略目标实现，非常有效、至关重要。

三是上级对下级的绩效管理应保持理性。客观地说，上级给下级下达的考核指标，以及考核结果的运用，对于下级警务工作的开展具有导向性，甚至颇有压力传导性。同时，上级对于下级完成指标绩效情况的态度，也鲜明地折射出上级的价值取向，客观体现了上级究竟在倡导什么和鼓励什么。这对于负有对下级绩效管理之职的上级来说，尽可能给下级以正确的导向。这就要求上级在进行绩效管理时应保持理性，即对下达给下级的绩效考核指标的目的是什么、这些指标究竟是否有利于警队事业的战略发展、下级某些绩效指标完成情况合不合理等进行必要的理性分析和思考，以及时修正绩效考核指标，发现问题，提出改进和提升警务工作的指导性意见。例如，在“清网”期间，一些地方的“战果”出奇的好，短短一个月内追回的网上逃犯就占比 40% 以上。这时，有关上级部门就应对此予以理性思考：怎么会在这么短的时间内有这样好的绩效？这些绩效数字是怎么取得的？被追回的逃犯以前都在哪里？当地警方为什么以前不去抓？如果对这些都作一番理性思考，恐怕就会从中发现不少问题。例如，这些所谓的“逃犯”可能根本就没有外逃，而是当地警方没有去抓；或者这些逃犯的归案，是集中了大量的警务资源甚至丢掉了手头的许多工作外出去抓回来的，是不计成本得来的；或者这些逃犯中多数“被取保候审”而没有进入看守所，甚至……正是因为有些上级部门没有去做这样的理性思考，没有及时发现和制止工作中出现的问题，或者为追求好的绩效而明知有问题却“睁一眼、闭一眼”，加上不适当的“奖勤罚懒”，导致有些地方的“清网”工作出现偏差并有不少后遗症。因此，在警务绩效管理上，上级应该保有必要的理性，理性地对下级下达绩效指标，理性地监测下级的绩效完成情况，理性地看待下级的真实绩效。这样的理性不仅能保证警务绩效考核发挥应有的功效，而且有助于倡导和培育良好的警队价值观，从而有助于警队事业的良性发展。

（三）警务战略发展期待改革创新绩效考核

警务战略发展离不开警务绩效考核的导向和保障。但是，现有的警务绩效考核体系和机制已很难适应警务战略发展的要求，必须以加快警务绩效考核的改革来推动警务战略发展。

一是在警务绩效考核的主体上，警务绩效考核的制定和实施主体应该是市级及其以下公安机关，从而与城市警务战略发展的主体相一致；省级以上公安机关及其部门可下达推动各地警务战略发展包括绩效考核的指导性意见，并对各城市警方的警务战略发展规划和绩效考核方案进行备案审查，对各城市警方警务战略发展及其战略目标绩效情况进行监测和总体评估，每年提出具有针对性的意见和建议。省级以上警种条线部门的工作部署和要求，可通过警种条线下达，各地在制定警务战略发展目标和绩效考核方案时予以参照，吸收其中的重点工作部署要求。这样做的好处是，进一步确立城市警方推进警务战略发展的主体地位，增强各自推进警务战略发展的自主性、积极性和能动性，改变目前存在的警务战略发展与警务绩效考核不一致、不匹配的问题。

二是在警务绩效考核的设定上，应该实行与警务战略发展目标相匹配的绩效指标和考核办法。警务绩效考核指标的设定，应该与警务战略发展的战略目标相一致，围绕警务战略发展目标，分解成每年应该达到的警务绩效指标，通过实施相应的考核导向，推动警务战略目标的逐步实现。与警务战略目标实现相一致的警务绩效考核，应有别于现在每年的年度绩效考核。首先，应该把“一高”“四满意”，即全面、协调、可持续发展水平高、党委政府满意、上级机关满意、人民群众满意和警队同仁满意作为与警务战略发展相匹配的总目标、总绩效。围绕这一总目标设置相应的指标、形成相应的指标体系。只有这样的绩效考核，才能符合警务发展的战略愿景和目标，才能符合战略管理的基本要求。其次，警务绩效考核指标的设置，应从警务战略发展的大局着眼，抓住一些事关战略发展的重点方面和重点对策措施，切实改变绩效考核成为警种部门职能体现和利益博弈的现象。

三是在警务绩效考核结果的运用上，应该实行赏罚分明、赏罚有度和以激励为主的机制。警务绩效考核导向警队同仁“干什么”和“怎么干”，并激励和鞭策警队同仁立足岗位建功立业，推动警队事业发展。如何让警务绩效考核真正推动警务战略发展，大有文章可做；如何防止绩效考核可能带来的诸多弊端，更值得我们认真思索。最近，笔者在给外地警队讲课的过程中接触到一些基层警队的同志，谈论中了解到一些令人担忧的现象：一些警队常常打听哪个分局和派出所出事情了，并且对出了事的单位有点“幸灾乐祸”，原因很简单，“这样今年我们单位就不会绩效考核垫底了”。这说明，哪个单位出了事就要被扣分，甚至“一票否决”，绩效考核后被“末位淘汰”，单位领导被诫勉谈话。尽管这种心态不难理解，但这种因同行出问题而幸灾乐祸的现象，无疑扭曲了警队的价值观。这也说明警务绩效考核包括结果运用中存在需要认真反思和改进的地方。因此，警务绩效考核结果的运用机制也必须改革创新，要更多地围绕增加警队“精气神”和凝聚力、战斗力进行必要的改革创新，千万不能非此即彼、“一刀切”、简单化和极端化。

公安工作高质量发展背景下的绩效考核战略性思考

刘　彬[*] 吴跃章[**]

摘　要： 绩效考核对公安工作高质量发展有至关重要的作用。现阶段的绩效考核工作存在着宏观与微观、目的与发展、当下与长远、初衷与结果、科学性与易考性、成本与收益等诸多矛盾。未来绩效考核应该如何进行，是摆在公安工作高质量发展道路上的难题。因此，需要从绩效考核的顶层设计、系统性分析、信息化手段引领、方案设计和结果运用等几方面破解难题。

关键词： 绩效考核　公安工作　警务发展

党的十九大报告提出，我国经济已由高速增长阶段转向高质量发展阶段，将以往主要依靠增加物质资源消耗实现的粗放型高速增长，转变为主要依靠技术进步、改善管理和提高劳动者素质实现的集约型增长，增强发展“质”的含金量。不仅经济发展要转向高质量的发展，公安工作同样需要高质量发展。随着近年来经济社会的快速发展，我国治安形势也发生了深刻的变化，公安工作的发展面临着战略的调整。公安工作的高质量发展同样秉持“质量第一、效率优先”理念，把提高效率作为发展的新动能。公安工作高质量发展意味着警务发展更加均衡、协调和可持续，节省警力资源，最大限度地发挥警务效能；突出内涵发展，使警务发展与社会发展更加协调；强调社会共同治理，营造安全的政治环境、稳定的社会环境、公正的法治环境、优质的服务环境。科学合理的绩效考核是实现公安高质量发展的最直接动力来源。

一、绩效考核对公安高质量发展的意义

考核的目的在于回答政策制定、方案设计、项目改进、效率和效能测试过程中出现的问题，相当于一项“政治技术”。考核是制度的有机组成部分。绩效考核在效率、

*　刘彬，江苏警官学院教授。

** 吴跃章，江苏省警察协会会长，研究员。

活力、动力和政治沟通上能够对公安高质量发展起到重要的作用。其一，绩效考核提升组织的资源配置效率，把资源合理地配置到更高效率的部门。绩效考核可以反映各部门、各业务工作的短板和强项所在，及时解决发现的问题，提高资源的使用效率。其二，绩效考核为公安工作带来活力，成为高质量发展的新动能。绩效考核是“指挥棒”，其作用发挥的好坏直接关系到公安工作的效率乃至公安工作的成败。绩效考核还可对公安工作做出适时和全面的评价，为公安工作指明方向。其三，绩效考核有助于产生群体性动力，群体内的团结协作得到增强，就会不断提高工作效率。绩效考核有助于提高生产要素的质量，特别体现在人力资源的改善上，能够激发公安民警的工作热情。其四，绩效考核对民警的职业发展有巨大的推动作用，可促使民警不断成长进步。其五，绩效考核也是一种很好的政治沟通渠道，能够有效地把相关的政策和规划通过考核的形式下达到各基层部门。

二、对绩效考核在现阶段存在问题的分析

（一）考核中宏观与微观的矛盾

绩效考核有导向作用，与组织的战略和文化密切相关。理论上说，组织应该先制定战略和文化，后选择与之匹配的绩效考核方法。公安机关的实际绩效考核中存在着“头痛医头、脚痛医脚”的现象，考核中难免会出现宏观与微观之间的矛盾。从宏观角度看，考核要面向公安工作的整体，考核的是整个工作质态，但实际考核中却存在囿于具体指标，“一叶障目，不见泰山”的问题。究其原因，是对考核的重要性存在片面认识。公安机关普遍认为绩效考核非常重要，对公安工作起到积极的推动作用，客观上来说利大于弊。但绩效考核怎么考、谁来考、考什么等方面还存在较大的分歧。目前，绩效考核无论是公安部还是各省市厅局，总体上都还是以指标的形式下达考核任务。从这几年的发展趋势来看，指标越来越多、层层加码。一些地方的绩效考核办法已经编成了厚厚的一本书，其中具体指标之多，内容之详细，测算之复杂，令人叹为观止，没有一定基础的人想看懂都不容易。这是因为，当公安部相关的业务考核指标下达到省公安厅后，省公安厅加一些指标下达到各地市公安局，各地市公安局再加一些指标下达到各公安分局，公安分局再下达到派出所，导致各派出所应接不暇、力不从心。

为什么会出现这种情况，一是因为公安工作的新情况新问题层出不穷，为有效解决这些新问题，必须将其不断纳入考核。这就造成考核指标越来越多、越来越细。二是因为考核指标与分值的确定是各职能部门间博弈的结果，分值越高，就代表这个部门的作用越大，这个部门的工作也越容易推进。这同样会造成指标繁多、计算复杂。有的地方为了搞清搞懂指标的计算和含义，浪费大量的人力和精力，出现为考核而考核的怪现象。

此外，有些指标从宏观上来看没有问题，但是指标不加区别地分解到各基层公安机

关就变得没有可操作性。例如，跨区域合作指标，随着互联网的发展，网络诈骗案件往往涉及多个区域，跨区域合成作战变得非常重要，需要各区域进行紧密合作和资源共享。合成作战在各省、各地市、各分局之间都是非常有必要的，但其对于公安派出所而言则意义不大，将打击跨区域流窜侵财类犯罪案件的指标直接下达到派出所就不太合理。又如食品、药品和环境犯罪侦查中的有些指标，由于不同区域有不同的治安状况，如一些高新技术产业开发区，环境污染本就治理得很好，其指标就难以完成。因此，在绩效考核中要求基层公安机关指标完成没有短板才能取得好成绩是不现实的，容易迫使一些地方剑走偏锋。

（二）考核中评估与发展的矛盾

根据绩效管理的目的，绩效考核方法可以分为两种：一是评估式的绩效考核，即偏向于对被考核对象进行定量评价，然后根据该定量评价来决定被考核者的奖金、升迁或解聘；二是发展型的绩效考核，即偏向于对被考核对象进行定性的优缺点分析，有则改之，无则加勉，从而进一步提高员工和组织的业绩。目前公安机关的考核大多还是评估式的考核，只做定量评价，进行总体排名，而对于组织和个人的发展涉及甚少。这种考核存在几个问题：一是各专业部门对考核结果很少做专门的分析总结，对于考核中发现的问题较少思考问题出在哪里、为什么会出现以及如何解决。二是考核缺少相应的反馈机制，考核没能出现闭环，考核单位没有将考核结果运用起来，借此达到鼓励先进、鞭笞后进的效果，考核结果更多地体现在名次优劣上，虽然看似大家都很重视考核，但是考核的实际作用并没有发挥出来。三是考核对民警的职业发展影响不大。绩效考核的目的之一就是提升人力资源的素质，人力资源是生产要素中最重要的一环，绩效考核不但要起到激励作用，更要发现其不足并帮助其提高，但是现阶段的绩效考核对于民警的培训和晋升影响很少，尤其是对于民警的培训作用几乎没有。这侧面反映了另一个问题，即民警培训流于形式。

现有的考核只能达到刺激的效果，远远达不到激励的作用。很多基层派出所疲于应付考核指标，将更多的警力投入到打击处置任务上，导致民警加班值班频繁，有相当一部分民警一年中有三分之一的时间无法回家，有的甚至更多，民警无暇顾及家庭，造成家庭矛盾增多。而且，大部分民警身体和心理都处于亚健康状态，如果连民警的健康都不能保证，何谈激励呢！

（三）考核中当下与长远的矛盾

绩效考核不仅要强调结果，更要重视过程。目前公安机关的绩效考核过于强调结果的考核，过于关注当下而忽略长远。例如，有些地方特别强调对打击处置的考核，而忽略基础防范工作。公安机关尤其是基层派出所的重点工作应该是基础防范工作，只有基础防范工作做得扎实，才能保证打牢平安社会的基础，发案率才能真正下降，人们才能安居乐业。现阶段，一些基层公安机关过于强调打击处置任务的完成，只是因为对考核部门来说打击处置的指标容易考核、容易量化、容易排名，对被考核部门来说打击处置的分值权重大、容易取得好成绩、与其他部门比较容易拉开差距。因此，各基层派出所会千方百计地计算如何在打击处置的指标上得分。但是，毕竟打击处置任务繁重，派出所警力又不足，因此极易导致处置过程中对案件的深挖不够。例如，对一些社会影响较大但不利于考核指标完成的案件会出现浅挖甚至不挖的情况。同样在食品、药品和环境犯罪侦查中，以小充数、选择性执法现象依然存在。实践中还存在过于追求新型案件而忽略传统案件的趋势，这是因为新型案件的侦破更加有利于绩效指标的完成，而传统案件的侦破费时费力，绩效结果又不好，所以存在着提高打击处置绩效与侦破本地案件之间的矛盾。这些只注重眼前而不关注长远社会效益的做法，给公安机关执法形象带来严重的损害。

此外，一些地方公安机关的考核结果过于注重平衡，不足以令人信服。有些地方各部门之间最终的考核分数只差 0.1 分，相对百分以上的总分而言，这种结果考核不出实际意义，从长远来看损害了绩效考核的权威性。

（四）考核初衷与结果的矛盾

近年来绩效考核所起的作用越来越大，已成为公安工作的“风向标”和“测试仪”。因此，各级公安机关都对绩效考核给予了高度的重视，考核部门也视绩效考核为衡量工作好坏的“无二法宝”，但实践中却存在着一些“作弊”现象。例如，某些公安机关为了在考核中取得好名次，会有一些弄虚作假的行为，甚至还出现考核腐败的问题。

此外，考核还存在 “时间差”的问题。由于每年要先做好重点工作的安排，考核办法的下达时间往往会拖后。从公安部到省公安厅再到地市公安局，层级下达后的时间通常会拖到年中或更晚，各个基层部门只能按照上一年的办法先行实施，等到正式考核文本下发时再查漏补缺。这也造成考核初衷与结果的矛盾。

（五）指标科学性与易考性的矛盾

目前公安机关存在着“绩效至上”的现象。绩效管理是组织管理的一个子系统，但是公安机关已经把绩效管理当成一个充分且必要的条件，即把绩效管理与组织管理等同起来，甚至“以考代管”。因此，绩效考核中往往会出现过于强调量化、考核频率高、考核指标高、考核结果影响大，甚至出现悖论等问题。例如，一方面发案总数在持续下降，但另一方面却要求打处任务指标增加，因此出现“鞭打快牛”的现象，越是打处任务完成好的地区越是任务量不断加大。长此以往，势必会出现崩盘现象。为了完成不断增长的打处任务指标，一些公安机关加强了跨区域追捕，但这也面临着很多问题。跨区域追捕一方面耗费大量的人力、物力和财力，另一方面也面临着执法风险和各区域配合的问题。

绩效考核过于强调打处的原因在于打处的考核易于量化、容易考核，而基础防范等社区工作不易量化考核，各地区在考核中拉不开档次，因此造成各地区对于基础防范工作不够重视的问题。同时，有些考核指标的设定不科学，如信息采集类考核，由于其是竞争性指标，最终往往会造成各部门争相上报信息，导致所报信息质量不高甚至无效，严重影响了信息的甄别、研判工作，从而降低了精准指挥的效果。

（六）考核成本与收益的矛盾

公安绩效考核一般从两个方面来考虑：一是从经济学的成本效益出发，将考核重点放在经济成本核算、资源的使用效率、经济效益及公众满意度；二是在关注经济效益的同时，增加政治绩效和社会绩效，即公安工作应充分体现经济发展及社会进步等多方面的内容。很多人认为，政治绩效同经济绩效和社会绩效相比，应处于中心地位，这是因为维护社会秩序是公安工作的重点所在。但笔者认为，任何工作的开展都要计算成本效益，为了绩效考核而增加跨区域追捕，耗费大量人力、物力、财力，同时，民警出差、加班、无暇顾及本职工作等现象大幅增多，这样不遗余力地完成绩效考核有什么意义？因此，我们在绩效考核的过程中要兼顾经济、政治和社会绩效。

三、绩效考核的战略性思考

（一）绩效考核的顶层设计

绩效考核的顶层设计是需要智慧的，并且要在不断摸索中反复修改。绩效考核顶层设计的第一步就是考核的理念要有所转变。首先，要回归到绩效考核的目标、目的是什么上，要认识到考核只是手段不是目的，更不是推动工作的唯一手段。绩效考核是公安工作的一部分而不是工作的结果或过程。考核不是万能的，更不能“以考代管”。公安工作的高质量发展依靠的是民警的职业操守和全心全意为人民服务的精神。其次，考核要回归到公安工作的本身。公安派出所的工作目标就是发案少、秩序好、社会稳定、群众满意，因此对公安派出所的考核也应该基于此。考核应当围绕公安工作的定位、目标来制定。最后，考核和工作质态之间要找到平衡点，解决长期性问题，不能“头痛医头、脚痛医脚”，要抓住突出问题进行考核，考出特色和亮点，反映出符合公安工作的实际情况，并且各地要根据自己的实际情况进行差异化发展。

（二）绩效考核的系统耦合性分析

绩效考核是项系统工程，要使这个系统工程运转良好，必须使各子系统及系统内部各部分之间有序地发展，系统之间既有相似性也有互动性，只有促进系统间良性的、正向的相互作用、相互影响，才能激发系统的内在潜能，实现优势互补和共同提升。绩效考核系统要强调动态平衡性。中国地大物博，各地的经济发展、社会环境和人文地理等都存在差异，绩效考核应该灵活处理，不应该“一刀切”。制定考核方案前应该先对各地区进行测评和评估，根据实际情况将其分成几个大类。例如，治安好的地区应以减少多少发案率来制定考核任务，治安差的地区应打击处置数量等来制定考核任务。考核要突出各地公安业务工作的特色和亮点，使各地优势互补，共同发展。又如，近些年我国治安形势和社会环境发生了很大的变化，犯罪形态也发生了很大变化，刑事案件的发案数量在下降，犯罪战场逐渐转移到网上，因此打击处置的理念和方式也应发生转变，像串并案、规模打击、扁平化作战、合成作战等，要根据新形势确定新的考核重点，有针对性地对突出问题进行治理。

（三）绩效考核的信息化引领

信息化的运用在公安工作中发挥了巨大的作用，很多地方都在强调智慧警务和大数据的运用。如何使信息化更好地服务于公安工作，这是值得我们思考的一个问题。现阶段很多地方把信息化的建设也列入绩效考核中，却存在一些隐患和问题。首先，系统的重复建设，不但浪费大量资金，而且各地市、各分局，甚至各派出所都开发自己的系统，系统之间不兼容，造成民警多个系统一起使用，同样的信息反复录入不同系统，本来系统的使用是为了提高效率，现在反而要人围着系统团团转，降低了工作效率。其次，系统的利用率低，很多信息化建设图纸和构思都很不错，但真正使用起来却大相径庭，因此很多系统建设之后束之高阁。最后，信息化建设不足，这与信息化建设过剩的问题同样严重，有些部门还依靠人力在进行大量工作，不但工作效率低，还存在工作不够精准的问题。因此，信息化建设需要顶层设计，也需要各部门的整合，避免无效和浪费。

（四）绩效考核的方案设计

1. 确定合适的考核主体

考核的各个主体要有责任担当。考核不是“和稀泥”更不是“分蛋糕”，考核是公安工作的重要一环。各部门首先要厘清自己的职能和地位，不能越位、缺位和错位，各级各部门理应回归本来的位置。公安部和省公安厅要做到宏观上的指导、大方向的把握及关键环节的把控。省公安厅对于绩效考核的指标划分不宜太细，对各地市公安绩效可以从全局上把握；各市公安局、公安分局应结合本地实际情况进行任务分配，不应只是简单地把任务直接分解下发到基层派出所；各职能大队首先要进行研判，如打处任务哪些需要派出所进行协作、哪些应该由职能大队来完成等；基层派出所要在微观上做到守土有责，保一方平安，考核的重点应该是基础工作防范，夯实公安基础工作。

除了公安机关自己的考核外，还应有外部的考核主体，包括第三方、群众等。对于第三方考核的机制和资质问题也应重点考虑。

2. 选择适合的考核方法和手段

绩效考核的方法应该是定量和定性相结合。易于量化的考核项目，在指标分解上要注重科学性；不易量化的考核项目也不应忽视，应开展定性的考核，尤其对于基础工作更不应该忽视。考核项目及比重的分配应该基于科学合理的分配原则，不应该是各部门博弈的结果。对于公安工作满意度的考核，手段方法应与时俱进，传统的电话、短信回访已经落后，应该探索出新的回访方法。

（五）绩效考核结果的运用

对待考核结果的正确态度应该是高度重视，把它作为衡量公安工作的尺度之一。首先，要注重考核结果的反馈，把考核结果及时返回各级各部门，让被考核部门知道问题出在哪里，作为下一步的改进方向。其次，各业务部门要总结考核中出现的问题，针对问题进行整改。再次，对考核先进的部门和个人要给予奖励，对考核落后的不但要督促进步，同时也要有相应的惩罚措施。最后，要突出绩效考核的教育推广作用。各个业务部门要对本部门独具特色的案例和先进人物进行宣传和推广，并有针对性地进行业务培训。一些经典案例、技法的培训、总结和推广都应该属于绩效考核结果的有效运用。

公安工作高质量发展面临着很多亟待解决的问题，绩效考核是其中的关键环节。绩效考核的科学化发展是推动警务战略的有效路径，科学化的绩效考核任重而道远，需要不断在理论和实践上进行探索。

警务潮流之汇聚：大数据警务战略模式*

牛　旭**

摘　要：情报主导型警务、预测性警务要想发挥效用依赖于社区警务运作的好坏，即警察部门和其社区之间建立良好的伙伴关系，解决诱发犯罪的根本问题，所以社区警务是警务改革的根本。一方面需要警察机关内部分权，将权力向一线社区民警倾斜，赋予民警更大的裁量权，让民警对自己管辖的社区有归属感；另一方面，需要警察与社区分权，警察要和社区警民协商委员会协商解决社区治安问题。情报主导型警务、预测性警务都要依托社区警务，加强社区警务建设，积社区小平安为社会大平安，乃是社会平安治理之根本。警务大数据战略是新的治理形式，以数据收集、整理和分析来发现问题，防范潜在威胁，管理人口，并提供有价值的社会服务，试图通过收集、整理、分析和生成信息来识别和解决国家的治理问题。

关键词：社区警务　情报主导型警务　预测性警务　大数据警务战略

当代世界警务工作面临着诸多挑战，并有两大发展趋势令人瞩目，一是警务工作的多元化，二是警察开始寻求自己在现代社会中的准确定位。一方面，警务工作不再被警察所垄断，非政府性质的警务工作方兴未艾；另一方面，警察正面临前所未有的身份危机，他们并不确定自己对犯罪的控制是否有效，于是开始焦虑地检视自己的所有表现：目标、战略、组织、管理、纪律及可靠性。这种内外夹攻是现代社会警务改革所面临的严峻挑战。[1]

为迎接这一挑战，警务模式需做出很多变革：（1）警察体制方面：中央警察组织的国际化，地方警察组织的社区化；（2）警察功能走向：从秩序维护过渡到执法功能

* 本文是2017年江苏警官学院“一带一路”公安院校科研合作项目“西安市社区警务管理机制创新——以‘双向积分’工作平台为视角”（2017SJYYM06）研究成果之一。

** 牛旭，陕西警官职业学院学报编辑部主任，副教授。

1 David H. Bayley, Clifford D. Shearing. The Future of Policing. Law & Society Review, vol. 30, no. 3, 1996, pp. 585 - 606.

再过渡到服务功能；（3）警察勤务策略：从“被动式策略”到“先发式策略”；（4）部分警务民营化。[1]

这场静悄悄的警务革命，以社区警务模式（community policing）为主轴，同时发展出情报主导型警务（intelligence-led policing）、热点警务（hotspot policing）等多种形式，最后汇聚成预测性警务（predictive policing）这种大数据警务战略模式。这一切旨在减少市民对犯罪的恐惧，提高社会安全感并增进民生福祉。

这些警务模式发展的背后有着不同的社会背景，警务模式只有在这些背景下才能被赋予意义，其背后的政治理性还关涉到什么样的政治制度才被认为是适当的——警务模式生成的背后也是政治斗争的场域。

一、世界警务潮流——从社区警务到预测性警务

（一）社区警务

1. 社区警务背后的政治理性——新自由主义（Neoliberalism）

社区警务的崛起与福利国家的衰败及新自由主义的兴起息息相关。一些改革者把福利国家的危机归结于官僚体制缺乏效率。新自由主义开出的“药方”是诉诸市场。其与传统自由主义最大的区别在于要求政府本身也市场化，让政府和其他市场主体一样通过竞争来为社会提供公共服务——企业的运作模式越来越多地被用于政府机构，这直接造就了现代警务的“企管化倾向”。

此外，公共领域的准市场化还意味着以前由国家垄断的许多公共服务应该开放给私营企业。例如，私营企业已开始涉及刑事司法（私人监狱、私营社区矫正机构）等领域，几十年前这几乎是无法想象的，而今成为社会组织参与警务活动的滥觞。

这种市场话语的延伸还成全了政治的“消费主义”倾向，国民被浓缩为“主权的消费者（sovereign's consumer）”。为“主权的消费者”服务成为政府新的、压倒一切的政治任务。这对现代警务的影响就是“警务服务化倾向（customerisation of policing）”。而且，警务服务需更贴近地方选民的需求，“警务本地化倾向（localisation of policing）”亦显得更加突出。

除了推崇市场化之外，新治理理念还倡导社会共同治理（joinedup governance）和整体性政府（whole-of-government agendas）。整体型治理模式包括了政府部门、私人部门和非营利性机构内部及其之间的整合，这与哈贝马斯提倡的协商民主遥相呼应，以替代福利主义的父权国家。这种对小而美的政府的吁求，导致地方议会权力的扩大，

1 （台）杨锡铭：《中共地方警务改革研析：理论与实务》，载《台湾警察专科学校警专学报》2013年第5期，第71-72页。

警务模式也顺势从昔日的警察家长模式和专制模式（model of police paternalism and authoritarianism）走向社区警务模式（community policing）。[1]

一言以蔽之，国家的权力下放、以消费者为中心、私有化和本地化，以及重视个人创业精神和责任的文化，均是实现改变大众思想和行为之诫命。特别是做到新自由主义治理所要求的富有责任心和进取心，是社会治理的基础。

2. 社区警务之源流

社区警务最早其实是 1829 年罗伯特·皮尔爵士创立伦敦大警察局时提出的“皮尔原则”（Peelian Principles）。皮尔指出，警察的核心任务是获得公众的尊重和自愿合作并进行犯罪预防，而非将重点放在打击犯罪上来。这些思想影响之深远，使社区警务成为了全球化警务（Glocalization Policing）。[2]

具体而言，社区警务首先在每一个警勤区设置了专职社区警察，并让他们通过研究警勤区的治安状况来学习如何设计具体的巡逻策略，处理警勤区中发生的各类犯罪。这当然会导致将权力向一线民警倾斜，造成指挥的分权化、组织结构的扁平化。结果首先是社区警察裁量权得以扩大，可根据社区的情况进行个性化的犯罪预防设计，使犯罪预防更加有的放矢。其次是将目标集中在如何防止犯罪上，而不仅仅是打击犯罪，增强警察在警勤区内与居民的互动。最后是与居民合作，综合各方面资源来解决社区的治安问题。[3]

3. 社区警务成为现代警务思想的新哲学——警民的伙伴关系

警民伙伴关系的建立基于警民创造性的合作，共同解决社区所面临的犯罪、社会失序、社区颓败等问题。其主旨是：要想维护社区平安，需要警民建立起新型的合作伙伴关系，其中社区要发出更多声音，指出哪些是社区警务工作的核心，并且身体力行地与警察携手提升社区居民的生活质量。也就是说，警务活动不再只是警察部门的事，更是社区自己的事，警民要相互合作，研究社区犯罪问题的症结，然后有的放矢地共同解决。[4]

具体而言，（1）强调在社区与警方之间建立有效的工作伙伴关系；（2）警察的成功不仅取决于他们自身能力的发展，还取决于建立有能力的社区；（3）社区的工作不仅是通告警方犯罪和其他问题，还包括帮助维护社区安全和预防犯罪；（4）社区的工

1 O'Malley P.Policing,Politics and Postmodernity, Social & Legal Studies, vol. 6, no. 3, 1997, pp. 363-381.

2 （台）汪子锡:《警务工作大数据分析的运用经验与未来发展探析》，载《台湾警察专科学校警专学报》2017 年第 6 期，第 1-18 页。

3 G. W. Cordner. Community Policing Elements and Effects. In R. G. Dunham, & G. P. Alpert, Critical Issues in Policing (pp. 432-449). Long Grove, IL: Waveland Press Inc. Community policing.

4 Chappell A. T. The Philosophical versus Actual Adoption of Community Policing: A Case Study, Paper presented at the annual meeting of The American Society of Criminology.

作可能涉及警方，也可能不涉及警方；（5）警方承认他们为社区工作；（6）警方可以更广泛地寻求建议，问计于民，根据社区居民的反馈来采取行动；（7）适用于解决问题警务（problem solving policing）的目标同样也适用于社区警务，即犯罪侦查、预防犯罪、消除居民恐惧和维持社区秩序。[1]

因此，社区警务是一种组织策略，包含警察决策程序及组织文化的改变。其运作的要素包括咨询（consultation）、调适（adaptation）、动员（mobilization）及问题解决（problem-solving）[2]，即警察机关系统性地咨询社区居民，针对其需求，规划并调整有关资源，动员社区居民共建平安社区，共谋解决社区治安问题的方法。

更重要的是，社区警务取代了原先的警察家长模式和专制模式，显示出操控警察的权力在某种程度上已逐渐从政府手中转移到人民的手中[3]，也意味着警察与公众之间形成了合作关系。[4]

（二）情报主导型警务（intelligence-led policing）

1. 情报主导型警务背后的运作逻辑——风险管理（risk management）

现代社会不仅强调对犯罪分子的惩罚，更强调事前的预防。采用所谓的风险管理模式，重视预防以及控制犯罪的技术，将资源用在发现高风险的犯罪人员、易引发犯罪的地点和环境上。根据犯罪风险采取不同的预防方法，以阻断犯罪机会的形式预防犯罪、增进社会安全。

情报主导型警务建基于风险管理理论，起源于英国。当时警察发现大部分侵财型犯罪都是由少数惯犯实施的，与其跟着报警电话跑，还不如盯住这些惯犯以及容易发生这类犯罪的地点，利用情报分析有的放矢地进行干预，更能降低该地区的犯罪率。这实际上是一种针对侵财型犯罪易发地点制定的犯罪情景预防模式。

情报主导型警务经历了从针对侵财型犯罪易发地点进行的犯罪情景预防模式扩大到针对暴力犯罪进行的犯罪情景预防模式，再到针对高风险犯罪人员的风险预防模式的演变。例如，有些美国警察依据地区或人为基础进行犯罪风险分类，如针对历史上犯罪高发地区（以地区为基础）的少部分累犯（以人为基础），将警力布置在该地区的热点人物身上，进行动态预警，能大量减少犯罪。

实际上情报主导型警务与传统警务的区别主要是：传统警务是被动的，案件发生后才会介入。情报主导型警务则不同，主要在于情报搜集，即模拟潜在犯罪人员违法的样

1 O'Malley P.Policing,Politics and Postmodernity, Social & Legal Studies, vol. 6, no. 3, 1997, pp. 363-381.

2 （台）陈斐铃：《大陆社区警务之发展》，载《警察行政管理学报》第 12 期，第 185 页。

3 孟维德：《社区警政与犯罪预防》，载《中国行政评论》第 7 卷第 1 期，第 181-210 页。

4 Reiner R. Policing a Postmodern Society, Modern Law Review, vol. 55, pp. 761-781。

态、地点，确认人员基本情况及其有过的违法行为，在情报的基础上，提前干预。[1]

2.“9·11”恐怖袭击事件后情报主导型警务得到快速发展

“9·11”恐怖袭击事件揭示了加强情报搜集的重要性。一些人甚至认为，如果不是因为情报搜集不力，“9·11”恐怖袭击事件是可以防止的。所以，“9·11”恐怖袭击事件之后，美国专家就建议大力发展情报警务。2005 年 3 月 16 日，美国国土安全部部长迈克尔·切尔托夫说：“反恐的决策应当基于风险管理。”[2]

情报主导型警务是所有犯罪预防参与者之间进行情报信息共享的平台。美国“9·11”恐怖袭击事件之后迅速发展出“情报中枢”恐怖袭击（fusion centers）系统，不断向巡警、侦探、管理人员和其他参与人员和机构提供有关特定罪犯、犯罪集团和犯罪活动的信息。该系统可以搜索众多公共和私人的数据库，收集和分析海量信息，生成自己的情报产品，提供犯罪的趋势分析和其他信息，以便参与机构知悉并及早采取行动。

（三）预测性警务（predictive policing）

我们生活在一个预测性的社会，而大数据是数码时代的“望远镜”和“显微镜”，预测正是大数据的标志。随着海量、动态和多样的数据存储及处理能力的与日俱增，大数据能够预测分析犯罪模型和潜在的犯罪人员，还能管控和预防不确定的风险。[3] David Lyon 曾说：“如果你对大数据已成为社会治理的主轴一无所知，你就无法理解当今社会的统御之术。”[4] 大数据监控已然成为公私领域日常的组织实践，也是社会治理的主要工具。[5]

预测性警务是指在执法中使用精算、预测和分析技术来识别潜在的犯罪活动的警务工作。[6] 预测性警务不是一个有预言魔法的水晶球（Crystal Ball）：它无法预测未来，它只能识别犯罪风险增加的人和地点，最有效的预测性警务工作方法是在警察部门和他们的社区之间建立牢固的关系以解决犯罪问题[7]，它能够通过风险评估为警察部门资源

1 Brayne.Big Data Surveillance: The Case of Policing, American Sociological Review,vol.82, pp.977-1008.

2 DHS Secretary Michael Chertoff, Prepared Remarks at George Washington University Homeland Security Policy Institute, vol.16, 2005.

3 Aradau C,Blanke T.Politics of prediction: Security and the time/space of governmentality in the age of big data,European Journal of Social Theory,2016,20(3).

4 Brayne.Big Data Surveillance: The Case of Policing, American Sociological Review, vol.82, pp.977-1008.

5 Lyon,David,etc.Surveillance as Social Sorting: Privacy, Risk and Digital Discrimination,New York: Routledge.

6 Rienks R.Predictive Policing: Taking a chance for a safer future.

7 Perry,Walter L,Brian McInnis,Carter C.Price,Susan Smith,John S.Hollywood,Predictive Policing: The Role of Crime Forecasting in Law Enforcement Operations. Santa Monica, CA: RAND Corporation, 2013.

分配和解决问题提供决策信息。

洛杉矶警察局（LAPD）对预测性警务的有效性进行了测试，发现其准确性是目前警务模式的两倍。加利福尼亚州的圣克鲁斯在6个月的时间内实施了预测性警务，得到了入室盗窃案数量下降19%的好成绩。[1] 肯特郡在实施了预测性警务后，有8.5%的街头犯罪发生在预测的地点。

但也有人提出批评，认为预测性警务最重要的不是未来，而是过去。[2]

1. 预测性警务背后的逻辑

（1）风险社会先发制人的策略。

风险社会中，人始终处于不安全、不稳定的环境，危险总是不知疲倦地潜滋暗长，随时准备兴风作浪。面对风险社会，Foucault 在法兰西大学的一次有关 Gary Becker 的经济人思想的讨论中，指出新自由主义治理的进一步发展将超越规训权力和生物权力，权力焦点将从人转移到自然界，转移到环境，甚至权力将“成为环境”，依据环境作出决定并系统地修改其环境变量。马苏米（Massumi）将此种权力命名为“ontopower”。

也就是说，风险社会把社会紧急状态变成生活的新常态，规则和法律运作的“社会系统”与不断变化的外部环境之间的界分变得模糊，权力必须积极转换角色。它采用的手段是对不确定的条件下的环境进行实时、不间断的监控，就如同生活中离不开监控摄像这种规范化凝视权力一般，让权力通过实时监控“润物细无声”地融入环境，见事于未萌，发现犯罪模式及潜在的犯罪嫌疑人，并通过改变环境的变量，先机制敌，阻止犯罪发生。

（2）大数据拟真的社会控制。

“ontopower”怎么化身为环境？权力通过实时监控以及大数据的精算分析，把现实世界的信息在数据库做成超现实拟真（hyperreal simulation）信息。我们知道传统监控的对象是身体（body），但大数据监控的对象却是身体信息的各种数字化显示。人被拆解成电脑中可以识别的数字信息。[3] 在大数据时代，我们的正身不是拥有肉身的人，而是大数据系统中基于数据的虚拟自我（databased selves），它先于你，比你更真实！

何以至此？当你通过虹膜扫描仪时，“你的虹膜信息就是你”。通过犯罪现场血液比对排除犯罪嫌疑人时，“你的DNA就是你”。当你在手机银行通过指纹认证转账时，“你的指纹就是你”。

超现实拟真的自我还会随时间推移，在汲取新的数据后更新身份。这些资料允许长

1　Friend, Zach. Predictive Policing: Using Technology to Reduce Crime. FBI Law Enforcement Bulletin. Federal Bureau of Investigation, Retrieved 8 February 2018.

2　Koepke, Logan. Predictive Policing Isn't About the Future.

3　Deleuze G. Postscript on the Societies of Control, October, 1992, pp. 3-7.

时间记忆、进行风险评估并展望未来。今天的大数据分析是一个分类机器，它组织和生产着主体（subject）。超现实拟真的自我通过大数据网络不断操控虚拟的自己，使权力成为了自己的影子，再通过对自己真实肉身所处的环境进行不断修改，从而改变自己的真实肉身，控制着“我”将会遇到的风险。

2. 预测性警务是警务发展的未来

情报主导型警务的延伸就是预测性警务。“数据是未来社会的通行货币（Data is the currency of the future）。”大数据预测性警务就是警务发展的未来。

预测性警务采用先发制人式的犯罪预防策略，从过去需要个人获取可见证据，转变为基于实时数据流和其他已经收集存档的犯罪元数据进行犯罪预测；从传统的利用指纹或DNA来发现犯罪，转变为建立风险模型，并运用犯罪热点图像等新技术来预测犯罪。这些技术的预测准确性依赖于运用监控组合（the surveillance assemblage）[1]将大量数据流传送到信息处理中心，通过筛选海量数据来进行机器学习（machine learning）和提高预测敏感度，以便建构模式，发现重要关系链和异常情况。

例如，在Palantir[2]之前，警察和分析师主要在“孤立的”系统进行资料搜索：在第一个系统上查犯罪记录，在第二个系统上查牌照信息，再在第三个系统上查交通罚单。Palantir平台则集成了这些所有不同的数据源，你可以足不出户且仅仅点开一个系统便将所需信息“一网打尽”。一位警官充满自信地说：“我向你保证，Palantir将接管这个世界。”[3]

David Lyon认为，我们现在的社会是“通过政府和大公司的计算机系统对我们的生活信息进行不间断地收集、追踪、储备和分析的社会”[4]。它是“依赖资讯、通信科技作为行政和控制过程的社会”[5]。

这种大数据能实现功能穿越，即原本为一个目的收集的信息，也许会在不经意间在别的地方产生意想不到的结果。这是大数据汇聚、碰撞的结果，也是大数据分析的基本形态——各种数据最后汇集到分析中心，进行精算分析、数据挖掘。

预测性警务能提高预测的准确性和效率，帮助组织防范许多危险行为和风险，以及

1 Haggerty K D, Ericson R V. The surveillant assemblage, British Journal of Sociology, vol.51, no.4, pp.605-622.

2 Palantir（独角兽公司）是一家神秘的大数据挖掘技术公司，主要业务是通过大数据分析回答问题，即通过收集大量数据，帮助非科技用户发现关键却又不太明显的联系，从而事先发现端倪，或者找到复杂问题的答案。

3 Brayne S. Big Data Surveillance: The Case of Policing, American Sociological Review, vol.82, pp.977-1008.

4 David Lyon. The Electronic Eye: The Rise of Surveillance Society.

5 （台）董娟娟：《诠释新加坡发展的新路径：监控社会研究的新解与展望》，载《政治学刊》2005年第2期。

有效地分配资源，最终达到减少犯罪的社会控制目的。

（四）小结

我们生活在风险社会之中，社会已由以惩罚与规训为标志的规训社会走向以计算机大数据处理为标志的控制社会。[1]统御社会的权力也由规训权力、生物权力走向ontopower。Ontopower本身必须化身为环境，它采用的手段是对不确定条件下的环境进行实时、不间断的监控，因此，在过去的十几年间，日常生活的监控化和大数据的崛起一直是社会结构变化的两大主轴。大数据监控（data surveillance）已然成为公私领域日常的组织实践，更是现代社会治理的通行工具。

在现代社会，权力通过大数据监控化身为日常生活实践，任何人都会成为信息收集的对象，因为每个人都是风险源。Rule认为，“每一个人的每一个行为都将被实时观察、记录与评估。系统将不断地确认你的行为信息，进行责任倒查，现在做出的行为可能会被‘秋后算账’……也就是说，任何不遵守法规的行为，系统都会通过侦测进行责任倒查。”[2]

预测性警务方兴未艾，“未来的犯罪会发生在什么时间、什么地点，这些都可以进行预测，如预测哪些人会进行持枪犯罪等；同时，预测性警务还可以预测执法人员遇到危险挑战时，会采取什么样的应对措施等。”[3]

二、我国警务的大数据发展战略

（一）我国警务发展之背景：“放管服”改革以及大数据战略

笔者认为，“放管服”改革就像是中国版的新自由主义治理，首先是因为原先政府干预过多，有些方面又管不到位，官僚体制缺乏效率，所以要简政放权，转变政府职能，使市场在资源配置中起决定性作用和更好地发挥政府作用。

同时，放权也意味着国家福利的减少，加强社区建设的目的就是让社区承担起本由国家负担的社会责任和福利，令社区团体与个人进行自治及自助，旨在将国家的道德和责任之规训，通过社区传递给每一位居民。[4]换句话说，是国家借社区之手，运用规训

1 Matzner, Tobias. Opening Black Boxes Is Not Enough Data-based Surveillance In Discipline and Punish And Today.Foucault Studies, aug,2017,pp.27-45.

2 Graham Sewell, Barry Wilkinson.Someone to Watch Over Me’: Surveillance, Discipline and the Just-in-Time Labour Process .Sociology, Vol 26, Issue 2, pp.271-289.

3 Brayne S.Big Data Surveillance: The Case of Policing, American Sociological Review, vol.82, pp.977-1008.

4 （台）林文一：《上海社区治理的形塑》，载《中国行政》2010年第82期。

权力进行保持一定距离的治理（governace at a distance）。[1]

这种治理与新自由主义治理思路非常相近，一方面减少政府对市场的干预，将市场的事情交由市场本身来决定，即“国王的交给国王，凯撒的交给凯撒”；另一方面政府部门要利用新技术新体制加强监管体制创新。[2]这种一张一弛的文武之道，与福柯主张的“与个体自由相伴相生的是‘安全配置’，其目的在于克服从全体居民的自由中滋生出来的风险，成全与保障个人自由”[3]，竟有异曲同工之处。

这种“利用新技术新体制加强监管体制创新”，集中体现在社区管理中利用大数据，尤其是运用数字化、信息化手段，通过城市网格化管理信息平台对社区进行治理。[4]它的最大特点是管理手段数字化，主要体现在管理对象、过程和评价的数字化上，保证管理的敏捷、精确和高效。[5]

（二）我国警务发展的特点

学者孙懿贤认为，中国警务的发展有四个时期，包括1949年以前的发展时期、1949—1977年强调群众路线的发展时期、1978年以来的所谓“严打”的发展时期，以及当前社区警务的转型时期。[6]台湾学者陈斐玲则将大陆警务模式划分为：政治主导警务时期（1949年至改革开放前），警务法治化时期（改革开放前期）及社区改革时期（改革后期）。[7]台湾学者杨锡铭认为，大陆为顺应国际警务潮流，从2006年起，大力推行社区警务，目前正从社区警务向警务企管化迈进。[8]

实际上，笔者认为，自改革开放开始，大致可将我国警务发展划分为三个阶段，即严打警务、社区警务和多元化警务。尤其是随着我国持续推进公安信息化建设，逐渐呈现出了一个全新的大数据警务战略模式。

1. 社区警务

（1）社区警务既是大数据警务战略的起点，也是其归宿。

社区警务要落实“基础工作信息化、信息工作基础化”的任务，其中一项重要工作

---

1 Rose N. Government and control, British Journal of Criminology, vol. 40, pp. 321-339.

2 李克强：《李克强在全国深化“放管服”改革转变政府职能电视电话会议上的讲话》，中国政府网[2018-07-12]，http://www.gov.cn/guowuyuan/2018-07/12/content_5305966.htm。

3 ［瑞］菲利普·萨拉森，李红艳译：《福柯》，中国人民大学出版社2010年版，第220-221页。

4 井西晓：《挑战与变革：从网格化管理到网格化治理——基于城市基层社会的变革》，载《理论探索》2013年第1期。

5 《网格化管理：城乡管理模式的革命与创新》，中新网2015-08-14。

6 孙懿贤、吴瑜宁、蔡雅奇：《转型时期的中国警务：1978—2008——一个华人学者眼中的中国警务问题》，载《江苏警官学院学报》2011年第6期，第134页。

7 （台）陈斐铃：《大陆社区警务之发展》，载《警察行政管理学报》2016年第6期，第185页。

8 （台）杨锡铭：《中共地方警务改革研析：理论与实务》，载《台湾警察专科学校警专学报》2013年第5期，第71-72页。

就是“一标三实”基础信息采集，为做实情报主导型警务的合成作战工作机制提供重要保障。各地开发的“社区云警务”系统既是采集设备又是应用终端。一方面，社区民警利用移动终端既可以将各类相关数据翔实准确地录入系统，起到“一警录入，多警运用”的效果，还可以通过民警的不断检查、更新、共享让数据变得准确鲜活。这种小数据的不断累积最终能变成大数据，先形成地区的情报中心，将来再汇聚成全国的大数据情报中枢，这将为情报主导型警务的合成作战及大数据预测性警务提供坚实的基础。另一方面，社区民警还可通过警务云查询信息，接受指令。“只要将采集到的人员新信息录入模块，录入对象的所有相关信息就会自动对比、整合，形成多维数据库，实现了信息多维掌控、人口多地管理，更省时更高效。”[1]因此，警务云既是一个积累式的资源平台，也是一个实战式的应用平台。

（2）大数据促进智慧民生警务。

公安改革的总目标是到2020年年底基本建成覆盖全国的整体联动、省级统筹、一网办理的“互联网＋公安政务服务”体系，实现政务服务事项“应上尽上、全程在线”，让人民群众足不出户就能办成事。

2. 情报主导型警务：大数据合成作战平台

公安改革要大力实施科技强警、公安大数据战略，确保到2020年公安信息化建设取得重大进展，维护国家安全和社会稳定的能力有大的提升。通过社区警务获得的信息，一定要再进行数据的整合。例如，山东省烟台市公安局就把散乱数据进行整合，形成了统一的烟台基础资源数据域和专题应用域，建成了指挥调度、合成作战一体化系统，突出情报信息主导、多方参与的合成作战机制，形成了打击合力。[2]

3. 预测性警务

公安部原部长郭声琨曾强调，要始终把工作基点放在有效防控和应对各类安全风险上，加强风险研判和评估预警，强化源头防范和应急处置，着力提升工作的前瞻性、预见性、主动性和针对性，切实做好应对任何形式的风险挑战的充分准备。

预测性警务正是应对风险挑战的利器。利用大数据进行数据挖矿能发现潜在地的罪模式和犯罪人员，起到先发制人的作用，在预防社会动荡、反恐以及打击犯罪方面作用越来越大，预测性警务在我国正蓬勃发展。这些年来，各地建设的公安警务云系统纷纷上线，标志着我国预测性警务发展迈入一个崭新的阶段。

（三）小结

社区警务既是警务大数据战略的起点又是终点。一方面，通过社区警务进行数据收

---

1 《山东烟台打造现代警务模式推动转型升级》，人民公安报 2017-11-02，http://www.mps.gov.cn/n2255079/n4242954/n4841045/n4841079/c5855090/content.html。

2 《山东烟台打造现代警务模式推动转型升级》，人民公安报 2017-11-02，http://www.mps.gov.cn/n2255079/n4242954/n4841045/n4841079/c5855090/content.html。

集，再经过数据整合，分析研判和精算分析，为合成作战乃至预测性警务提供强有力的支持。另一方面，大数据使智慧警务及预防犯罪成为可能。通过大数据进行预测研判，能够发现可疑的犯罪人员、犯罪地点，社区警务可以对这些人物和地点进行重点监控，有效地预防和打击犯罪。警务大数据战略成为沟通社区警务、情报主导型警务和预测性警务的平台。

三、警务大数据战略的反思

（一）社区警务偏重社会控制

情报主导型警务也好，预测性警务也好，要想发挥效用都要依靠社区警务的运作，即警察部门和他们所管辖的社区之间要建立良好的伙伴关系，解决诱发犯罪的根本问题。所以社区警务是警务改革的根本，本立而道生。需要重视的是，社区警务不仅是一种战略、一种文化，还是一种新哲学。它是警务的民主模式，它的对立面就是警务的父权模式和威权模式。因此，一方面需要警察机关内部分权，将权力向一线社区民警倾斜，赋予民警更大的裁量权，让民警对自己管辖的社区有归属感；另一方面，需要警察与社区分权，警察需要和社区警民协商委员会协商解决社区的治安问题。

情报主导型警务、预测性警务都要依托社区警务，因此加强社区警务建设，积社区小平安为社会大平安，乃是社会平安治理之根本。我国当前的社区警务还存在许多不尽如人意的地方。社区警务并未形成良好的文化氛围，尤其是警民合作伙伴关系有待提升，许多社区的警民协商委员会形同虚设，社区警务仍然秉持警务的威权模式。许多社区警务强调的仍是警察的专业化，强调人员管理、信息收集、便民服务等事项。

（二）警务大数据战略是具体而微的精算治理（Algorithmic governmentality）

警务大数据战略可以看成是一种新的治理形式，政府以数据收集、整理和分析来发现问题，防范潜在威胁，管理人口，并提供有价值的社会服务。它试图通过收集、整理、分析和生成信息来识别和解决国家的治理问题。

然而，大数据所收集的不是具体的人的信息，而是人的身体的各种信息。它生产的知识是“没有真理的知识（knowledge without truth）”，表达的是“没有所指的能指”，显现的是“没有象征的意义（significance without symbolism）”。[1] 正如德勒兹所说的，这是“人的消失（the people is missing）”，当询唤我们的不再是“肉身的真人”，而是电脑里的“超人”（hyper-personalisation），我们将如何述说真理（telling

1 Algorithmic governmentality and the end(s) of critique - Antoinette Rouvroy By philip, November 13, 2013.

our truth）？[1]这正是预测性警务潜在的危机！

四、结语

在前现代社会，人被认为应该过有道德的生活，不管是沿着神指引的方向行走，还是追求世俗的社会进步，总存在着对人们生活的期许。到了后现代社会，随着人的价值观的碎片化，社会不再以追求良善生活为目标，而是转变为关注私人经济生活之满足。注重主观利益的短暂表达，利益成为了社会整合的“公约数”。

没有了既定的生活模式为圭臬，每一个人均必须以自己的方式成为“自己”。新自由主义治理的核心目标就是使人人都成为经济人（Homo Economicus），主张将自己的生活利益最大化。新自由主义要塑造一个负责任、有进取心的全民主体，其中每一个人都把自己整合进一个金字塔式的可算计的体系里，个体追求自我实现、自我利益最大化是新治理理念中最基本、最普遍的特征。[2]

与这种“经济人”主张相伴相生的，是“安全配置”，要克服从全体居民自由中滋生出来的风险。[3]这种“安全配置”可浓缩为监控技术。福柯曾经说：“我们的社会不是断头台前的视觉狂欢，而是监控（Our Society is not one of spectacle, but of surveillance）。”

卢梭曾经感叹：“我们生而自由，却无往不在枷锁之中！”这句话在今天就变成了：“我们生而自由，却无往不在大数据之中！”在过去的十几年间，日常生活的监控化和大数据的崛起一直是社会结构变化的两大主轴。大数据监控（data surveillance）已然成为公私领域日常的组织实践，更是现代社会治理的通行工具。

但无论如何，历史的经验表明，大数据警务战略将继续成为警务发展的主导方向，不可能走回头路。就像汽车有倒车镜一样，我们前进的同时，也要不断看倒车镜，才能一边不断地前进，一边不停地校正前进的方向！才能克服大数据发展带来的潜在危机，同时不断推动和创新警务发展。

1 The Digital Regime of Truth: From the Algorithmic Governmentality to a New Rule of Law, La Deleuziana, no. 3, 2016， pp. 6-29.

2 Elaine Campbel. The emotional life of governmental power, Foucault studies, no. 9, 2010， pp. 35.

3 ［瑞］菲利普·萨拉森，李红艳译：《福柯》，中国人民大学出版社 2010 年版，第 220-221 页。

警务改革的三个维度析论

崔永东[*]

摘　要： 警务改革应当坚持以“三化”为本，着力解决警务现代化、警务规范化和警务人本化三个方面的问题。警务现代化既指警务理念的现代化，也指警务体制的现代化，还指警务技术的现代化。警务理念上要打击犯罪与保护人权并重；警务体制现代化旨在构建适应新时代警务规律的警务体制；警务技术现代化是指通过互联网、大数据及人工智能等技术手段为警务活动提供强大的技术支撑。警务规范化是指警务活动必须依法进行，警察权力必须受到法律的控制。警务人本化一是以人民群众的利益为根本，警务活动要坚持爱民、便民、利民；二是以警察的合法权益为根本，管理者要保障警察的正当权益，切实解决其后顾之忧。“惠民”与“惠警”呈辩证统一的关系。

关键词： 警务改革　警务现代化　警务规范化　警务人本化

目前，公安系统的警务改革正在积极推进，取得了一些有益的成果。今后的警务改革应当坚持以“三化”为本，即着力解决警务现代化、警务规范化和警务人本化三个方面的问题。三者之间的关系是三位一体的关系，即警务现代化是“体”，警务人本化是“骨”，警务规范化是“肉”，一体三面，缺一不可。

一、警务现代化

警务现代化这一概念，既指警务理念的现代化，也指警务体制的现代化，还指警务技术的现代化。在警务理念上，要树立人道主义的理念，从过去的重打击犯罪而轻保护人权的观念中超脱出来，转变为打击犯罪与保护人权并重的理念。警务体制现代化旨在对警务管理体制进行改革，构建一种适应新时代警务规律的警务体制。警务技术现代化是指通过互联网、大数据及人工智能等技术手段为警务活动提供强大的技术

*　崔永东，华东政法大学司法学研究院院长，中国法治战略研究中心常务副主任，教授、博士生导师。

支撑。

有的专家认为，现代警务机制有七个方面的特征：警务行为规范化，警务装备现代化，警务运作高效化，警务工作信息化，警务资源整合化，警务工作社会化，警员素质实战化[1]，也有专家将警务人本化、警务集约化、警务智能化、警务法治化及警务社会化等作为警务现代化的基本特征[2]。

2015年，公安部发布《关于全面深化公安改革若干重大问题的框架意见》（以下简称《意见》），指出："随着中国经济社会的快速发展，随着社会动态化、信息化带来的巨大变化，公安工作和公安队伍建设出现一些不适应的情况。这些不适应，既有思想理念上的滞后，也有能力素质上的差距，既有体制机制上的制约，也有警务保障上的不足。要破解这些长期困扰和影响公安工作发展进步的难题，必须迎难而上、改革创新。"

随着科学技术的进步，司法和执法的科技化、信息化、智能化越来越受人关注和重视。在这方面，法院已经走在前面，如上海市人民法院在打造"数据法院""智慧法院"方面卓有成效，形成了网络三级联动、应用全面覆盖、数据及时生成、信息高度聚合、资源共享互通、管理安全规范的大数据应用平台，受到了广泛好评。

警务大数据是警务智能化的重要体现，应当将其上升到警务战略的高度来认识。正如前苏州市公安局局长张跃进在一篇文章中所说的，"警务大数据既是警务现代化战略发展的重要组成部分，又是重要的实践路径。要充分认识警务大数据的战略价值，真正从战略发展层面推动建设和运用。抓住警务大数据战略发展机遇，有助于全面有效地推动警务改革创新。把握警务大数据'三要素'，才能有力地推动警务发展质态的战略提升。要抓住制约警务发展的问题，积极推动警务大数据战略实践。运用大数据科学预测预防，能有效防控犯罪和治安问题。依靠大数据集约合成作战，能有效遏制突出犯罪和安全隐患。借助于大数据规范勤务运作，能有效提升警务技能。要立足警务现代化发展战略，科学谋划和建设警务大数据。"

应该说，"智慧警务"是现代警务建设的一个方向，大数据、人工智能是"智慧警务"的重要支撑，它对警务现代化将有着不可忽视的推动作用。技术手段的应用，使警务决策更智慧，警力部署更科学，打击犯罪更精准，治安防控更高效。因此，警务智库应注重研究大数据、人工智能与现代警务之间的关系，为完善"智慧警务"的建设献计献策，为相关标准的制定和制度设计出谋划策。

这就是公安学界探讨的警务智能化问题。根据"百度百科"的定义，"智能化"是指由现代通信与信息技术、计算机网络技术、行业技术、智能控制技术汇集而成的

1　李跃明：《对现代警务机制基本特征、重要意义及其存在问题的思考》，载《公安学刊》2005年第4期。

2　张跃进、张光：《现代警务论》，中国人民公安大学出版社2015年版，第7-8页。

针对某一方面的应用。“智能”的特点是：（1）具有感知力；（2）具有记忆和思维能力；（3）具有学习能力和自适应能力；（4）具有行为决策能力。上述智能技术在警务领域的应用就是警务智能化。警务专家的定义是：“警务智能化是指通过深化科技信息化建设与应用，不断提升警务工作智能化水平，转变公安机关战斗力生成模式，提升警务工作效率。”[1] 警务智能化的实质在于实现警务工作与现代科技的有机融合，让先进科技为警务活动提供强有力的支撑。

信息化与大数据在推进警务改革方面也发挥了重要作用，即通过数据驱动、信息集成来促进警务模式转型升级，通过集合资源、创新运用不断提升警务效能。有学者认为：“公安信息化支撑的警务改革效率较高，阻力较小，改革拓展面较广。信息化条件下，发挥数据的‘倍增效应’、资源的‘聚合效应’和平台的‘支撑效应’，是推进公安警务改革的路径选择。”[2]

《意见》还提出了“队伍正规化”的要求，“正规化”就是专业化、职业化。警务改革的大方向是实现警察职业的专业化、职业化，警务专业化也是警务现代化的一个重要方面，它要求警察队伍不仅具有优良的职业道德素养，更要有优良的专业素质和专业能力。专业化要求警察必须学法用法，精通执法办案规范和程序，准确适用法律法规。这就意味着，警察必须有良好的法律素养、精湛的业务素质。为此，有必要实行执法资格准入制度，通过考试获得相关资格，无此资格者不可行使执法权，更不能列入后备干部库。为了提升警察队伍专业化水平，可以通过网上学习、网上答疑、网上培训或集中教育等形式，使警察养成善于学习、善于思考的品格，不断丰富其知识结构、提高其专业素质，从而促进警察队伍的专业化。

警务现代化还包括警务管理体制的现代化，即建构一种符合新时代警务规律的现代警务管理体制。警务体制的改革是司法体制改革、行政执法体制改革的一部分，需要从战略层面进行顶层设计，要注意其与其他领域改革的统筹配套、协同推进，更要与国家政治体制改革同步前进。要在理顺管理体制、优化机构设置、健全警务保障体系、建立警察分类管理制度、在法律上厘清中央与地方的公安事权等方面下足功夫，着力解决制约警务发展和警务职能发挥的深层次问题。例如，目前在多地公安系统积极推进的“结构性改革”就是警务管理体制改革的一部分，这一改革在纵向结构上着力解决微观层次过多的问题，在横向结构上着力解决部门过于分散的问题，在职权结构上着力解决权力过分集中的问题，在编制结构上着力解决“头重脚轻”（权力集中于上层）的问题，在职位结构上着力解决“官多兵少”的问题。这种结构性改革对警务管理体制的影响之一就是“大部制”改革，本着精简高效、分类整合的原则，将目前行使综

1 张跃进、张光：《现代警务论》，中国人民公安大学出版社 2015 年版，第 9 页。

2 唐向阳：《信息化和大数据支撑下的警务改革》，载《城市警务研究》2018 年第一辑。

合管理职能的公安机关整合压缩为“四大部”，分别是警令部、政治部、监督部和保障部。这一改革将使公安管理职权的配置更加科学化，使警务管理权的行使更加高效化，进而促进警务管理体制的现代化。

二、警务规范化

警务规范化是指警务活动必须依法进行，警察权力必须受到法律的控制。近期公安改革七大任务中至少有三项涉及警务规范化问题，如“完善执法权力运行机制”“健全人民警察管理制度” “规范警务辅助人员管理”等。根据《意见》所述，目前的全面深化公安改革聚焦三个方面，一是着力完善现代警务运行机制，二是着力推进公安行政管理改革，三是着力建设法治公安。可见，除第二点外，都涉及警务规范化问题。尤其是第三点，该文件强调指出：“确保严格规范公正文明执法，提高公安机关执法水平和执法公信力，努力让人民群众在每一项执法活动、每一起案件办理中都能感受到社会公平正义。”这是对警务规范化的明确要求，只有实现了警务规范化，才能建设优良的警务运行机制，二者就如同一枚硬币的两面，不可分离。

《意见》也提出了“执法规范化”的改革要求，确实抓住了问题的实质——公安改革的关键是队伍建设，即执法队伍行使权力的规范化。规范执法是警务工作的生命线。没有规矩不成方圆，警务规范化不仅要求警察依法执行公务，更要求依法治警，对违法行权的警察依法惩戒，将警察权力纳入制度的笼子里，实现警务活动的规范化、制度化、程序化。正如《现代警务论》一书中指出的，“规范化警务就是按照相关法律法规规定，制定具体的标准、程序和细则，实现执法规范、行为规范和管理规范。”《理性警察论》一书中也指出：“严格规范执法是法律理性的最基本内容，也是警务执法工作的基本要求，是确保执法质量的重要保障。”[1]

规范执法要解决权力任性的问题，因此需要强化监督，没有监督的权力必然失控，也就难有规范化可言。规范执法可以通过信息化手段来实现，如苏州警方就全面实行执法办案的网上流转、网上审批、网上监督、网上考核，以信息化手段固化执法办案流程，强化执法过程控制，积极推进执法办案的标准化、流程化，防止执法的任意性。

刑事侦查权也是警察权力的一个重要方面，对侦查权的有效控制是司法控制。有学者指出：“权力的正常运行都离不开有效的监督机制。在侦查活动中，司法权对侦查权进行制约和监督，具体包括事先监督和事后监督。在法治国家中，一般表现为司法令状主义以及相关的司法救济制度。”[2]

1 张跃进：《理性警察论》，光明日报社出版社 2013 年版，第 223 页。

2 陈光中等：《中国司法制度的基础理论问题研究》，经济科学出版社 2010 年版，第 256 页。

有学者对我国当前在刑事侦查活动监督过程中存在的问题进行了揭露："人民法院、人民检察院对侦查机关的制约凸显滞后性、单向性。人民法院、人民检察院对侦查机关的制约实质上表现为司法权、起诉权对侦查权的制约。从中国现行法律规定来看，人民法院、人民检察院只能通过审判活动对侦查活动的合法性进行事后审查，而无权进行事前、事中的司法审查。"[1]诚如其言，对刑事侦查活动的司法控制主要是事后审查，而不是事前、事中审查，导致司法监督和司法控制存在一定的"盲区"。

同时，司法控制的手段还存在"偏软"的问题，不足以对刑事侦查活动施加有力的震慑。这是导致目前刑事侦查领域中刑讯逼供屡禁不止、非法证据排除不能落实到位的根本原因。因此，构建有效的监督制约机制成为必然。作为警察权重要组成部分之一的刑事侦查权，其受到有效控制是警务规范化的重要一环，应当受到有关部门和领导的高度重视。

三、警务人本化

"人本"即以人为本，是人道价值观的反映。警务人本化有两个方面的内容：一是以人民群众的利益为根本，警务活动要坚持爱民、便民、利民；二是以警察的合法权益为根本，管理者要保障警察的正当权益，切实解决其后顾之忧。上述两个方面，一是"惠民"，二是"惠警"，两者之间呈辩证统一的关系。

"以人为本"是"仁学"的思想。仁学的实质在于仁爱之道，表现为对他人的关爱、尊重和帮助，尤其是重视人的生命价值。仁爱之道主要体现在孔子所说的如下两个原则上：一是"己所不欲，勿施于人"——自己不愿做的事不要强加于人；二是"己欲立而立人，己欲达而达人"——自己有所成就也应该让别人有所成就。有学者认为，"仁学在儒家所有学问中，代表着中华民族发展的精神方向，蕴含着较多的人道主义和民本主义成分，它给中国知识分子提供了一种切实而又高远的人生信仰，一种独特的文化价值理想，培养了一大批道德君子、仁人志士，成为中国文化的精英。仁学由于其具有较强的生命力和普遍性价值，所以在中国从中世纪向近代的社会转型过程中，受到先进思想家的珍重，成为儒学中最值得继承和发扬的部分。"[2]儒家的仁学传统在中华文化长河中生生不息，迄今为止仍值得发扬光大，而警务人本化的理念也可以说是在警务领域对"仁学"传统的继承和光大。

《意见》指出："完善严格实行非法证据排除规则和严禁刑讯逼供、体罚虐待违法犯罪嫌疑人的工作机制，建立健全讯问犯罪嫌疑人录音录像制度和对违法犯罪嫌疑

1 陈光中等：《中国司法制度的基础理论问题研究》，经济科学出版社 2010 年版，第 284 页。

2 牟钟鉴：《新仁学》，人民出版社 2013 年版，第 136 页。

人辩解、申诉、控告认真审查、及时处理机制，完善侦查阶段听取辩护律师意见的工作制度。”这些保护人权的规定体现了警务人本化。

另外，《意见》又规定：“扎实推进户籍制度改革，取消暂住证制度，全面实施居住证制度，建立健全与居住年限等条件相挂钩的基本公共服务提供机制。落实无户口人员落户政策。建立户口迁移网上流转核验制度和居民身份证异地受理制度，方便异地办理户口和身份证。”“改革驾驶人培训考试，推行驾驶人自主预约考试、异地考试等制度。深化机动车检验改革，全面实施省内异地验车，逐步推行跨省异地验车。加快建立跨省异地处理交通违法和缴纳罚款制度。”“积极搭建综合性网络服务平台和新媒体移动终端，推行行政审批事项全程网上流转，方便群众咨询、办事和查询、监督，等等。”这些便民、利民的举措同样体现了警务人本化。

《意见》又指出：“根据人民警察的性质特点，建立有别于其他公务员的人民警察管理制度和保障机制。按照职业类别和职务序列，对人民警察实行分类管理。适应正规化、专业化、职业化建设要求，建立健全人民警察招录培养机制。贯彻落实人民警察生活待遇‘高于地方、略低于军队’的原则，建立符合人民警察职业特点的工资待遇保障体系。完善人民警察抚恤优待制度，建立健全人身意外伤害保险等职业风险保障制度。依法维护人民警察执法权威。”上述规定又体现了警察管理中的“人本化”趋向。

人道主义价值观应当是指导目前警务改革的核心价值观，它在警务工作中又体现为一些具体的理念，如民本理念、服务理念、公开理念和民主理念等。民本理念要求民警应当以此理念来指导其各项工作，要注意改善警民关系，要同辖区群众一同预防和控制违法犯罪，要积极参与辖区内爱民、利民、便民活动，参与安全检查、法制宣传、收集情报信息等活动，维护社会公共秩序。服务理念应当贯穿于整个社会治安工作的始终，服务能使民警立足于社区，周到的服务能赢得民心。公开理念需要实行公开的警务运作模式，“透明警务”有助于防范警察权力的任性。民主理念要求警察应当倾听群众的呼声，及时纠正自己工作中的失误和偏差，如一些警局开展的警民恳谈会，就是一个警民互动、沟通民意、改善警民关系的平台，是一个发扬民主、改进工作的平台。上述理念都体现了警务人本化的价值取向。

我国《人民警察法》第 3 条规定：“人民警察必须依靠人民的支持，保持同人民的密切联系，倾听人民的意见和建议，接受人民的监督，维护人民的利益，全心全意为人民服务。”这凸显了警务工作的人本化趋向，以法律形式固化了警察必须为人民服务、为人民执法的理念。有学者认为，“警察的性质决定其必须牢固树立‘以人为本’的基本理念，这是所有警务理念中最关键、最核心的内容。以人为本理念从根本上解决了为谁服务、为谁执法、为谁管理、为谁掌权等重要问题，进一步明确了警务工作的出发点和落脚点。”[1] 其又对“警务人本化”做出了解释，“警务人本化是指警务工作必须更加贴近群众需求，坚持民意导向，强调把群众满意度作为衡量警务工作的根本标准。”[2] 上述说法均体现了鲜明的“惠民”精神。

在司法改革过程中，一些地方公安局尝试推进的“刑事和解”措施也体现了警务人本化的理念。有学者指出，“刑事和解是指在犯罪发生后，通过调解人的帮助，加害人与被害人直接接触和交谈，加害人正视其犯罪行为给被害人带来的伤害，然后双方依法达成协议，最终解决刑事纠纷的一种刑事司法制度。”[3] 实质上，刑事和解就是以协商合作的形式恢复原有秩序的案件解决方式，加害人以认罪、道歉和赔偿等方式与被害人达成和解后，司法机关对加害人减免处罚。

苏州市公安局率先实践了刑事和解制度在刑事侦查阶段的适用。2011 年，苏州市《轻微刑事案件侦查阶段刑事和解暂行规定》施行，要求全市公安机关根据《刑事诉讼法》的规定，严格确定刑事和解范围，安排刑事和解专管员，对可以适用和解的当事人履行告知义务，积极落实退赔案件的和解机制，向检察机关就其移送审查起诉的案件提出从宽处理的建议等。

在刑事侦查阶段适用刑事和解制度，这确实是一个创新性的尝试，在保护人权方面具有重要意义。正如前苏州市公安局局长张跃进所说：“刑事和解制度的适用，不仅强调以被害人利益为核心，也注重在危害行为与损害结果之间寻求法律效果与社会效果最大限度的统一。苏州市公安机关依照《刑事诉讼法》提出的新要求，摒弃长久以来形成的刑事办案以惩罚犯罪为先的习惯做法，树立并践行保障人权的理念，切实推动刑事和解秩序的全面实施，维护法律权威。”[4] 这反映了苏州市公安机关以实际行动贯彻了警务人本化的理念。

四、结语

警务改革应当坚持以“三化”为本，即着力解决警务现代化、警务规范化和警务人本化三个方面的问题。三者之间的关系是三位一体的关系，即警务现代化是“体”，警务人本化是“骨”，警务规范化是“肉”，一体三面，缺一不可。

警务现代化既指警务理念的现代化，也指警务体制的现代化，还指警务技术的现代化。在警务理念上，要树立人道主义的理念，从过去的重打击犯罪而轻保护人权的

1 张跃进：《理性警察论》，光明日报出版社 2013 年版，第 212 页。

2 张跃进、张光：《现代警务论》，中国人民公安大学出版社 2015 年版，第 8 页。

3 张跃进等：《刑事和解》，苏州大学出版社 2015 年版，第 28 页。

4 张跃进等：《刑事和解》，苏州大学出版社 2015 年版，第 66 页。

观念中超脱出来，转变为打击犯罪与保护人权并重的理念；警务体制现代化旨在对警务管理体制进行改革，构建一种适应新时代警务规律的警务体制；警务技术现代化是指通过互联网、大数据及人工智能等技术手段为警务活动提供强大的技术支撑。警务规范化是指警务活动必须依法进行，警察权力必须受到法律的制约，因此需要强化监督。警务人本化有两个方面的内容：一是以人民群众的利益为根本，警务活动要坚持爱民、便民、利民；二是以警察的合法权益为根本，管理者要保障警察的正当权益，切实解决其后顾之忧。也就是说，“惠民”与“惠警”之间要呈辩证统一的关系。

公安侦查阶段开展刑事和解的苏州实践

陆　晓*

摘　要：苏州市公安机关率先开展了轻微犯罪公安侦查阶段刑事和解工作，领导的重视和组织推动营造了开展这项工作的良好氛围，理论水平的提高为开展这项工作打牢了思想基础，公检法司的两次联合规定为开展这项工作形成了制度规范，将其纳入公安执法办案机制和警务现代化指标体系为做好做优这项工作进行了积极引导，和解成功案例的日积月累及其质量保证为深入推进这项工作打下了良好基础。2012年修正的《中华人民共和国刑事诉讼法》，不仅为各级公安机关继续开展刑事和解提供了法律依据，同时也为向检察院、法院移送轻微刑事案件时提出从宽从轻处理的建议提供了空间。

关键词：轻微犯罪公安侦查阶段刑事和解　刑事诉讼法　苏州实践

2012年修正的《中华人民共和国刑事诉讼法》（以下简称2012年修正的《刑事诉讼法》）颁布实施前3年和后7年的10年里，苏州市公安机关率先开展了轻微犯罪公安侦查阶段刑事和解工作，领导的重视和组织推动营造了开展这项工作的良好氛围，理论水平的提高为开展这项工作打牢了思想基础，公检法司的两次联合规定为开展这项工作形成了制度规范，将其纳入公安执法办案机制和警务现代化指标体系为做好做优这项工作进行了积极引导，和解成功案例的日积月累及其质量保证为深入推进这项工作打下了良好基础。2012年修正的《刑事诉讼法》，不仅为各级公安机关继续开展刑事和解提供了法律依据，同时也为向检察院、法院移送轻微刑事案件时提出从宽从轻处理的建议提供了空间。深入推进轻微犯罪公安侦查阶段刑事和解工作，基层公安机关既有成功的实践经验，又有明确的法律保障。

一、领导重视

苏州市地处东部沿海率先发展地区，经济总量大，人财物流动快，警务工作任务日

*　陆晓，公安部公安发展战略研究所城市警务研究中心副主任、《城市警务研究》执行副主编。

益繁重。苏州公安为进一步顺应警务发展的新态势，解决警务资源不足的难题，坚持内涵式增长的警务发展途径，选择研究状态下工作的增效动力，推行本地区刑事和解的试点工作。为了保证刑事和解试点工作取得成功，苏州市公安局对外积极争取有关方面的大力支持，申报部级课题，使其处于更高的起点之上；对内开展宣讲，组织学习，统一认识，促进各级领导和民警的思想转变，为开展刑事和解打下良好的认识基础；对推进过程中出现的阶段性成果，邀请专家学者建言献策，力求充分发挥理论和实践相互促进的积极作用。

（一）申报中国行为法学会部级课题

2009 年 12 月，中国行为法学会警察行为研究中心在苏州正式成立，确定以课题研究推动实战工作的任务宗旨，并将侦查阶段轻微刑事案件刑事和解作为 2010 年的重点调研课题。随后，中国行为法学会警察行为研究中心依托苏州警校，立足苏州公安的执法实践，对刑事和解课题开展了初步研究，研究成果《公安侦查阶段轻微犯罪案件刑事和解初步研究》一文在中国行为法学会东岳论坛上提交，并作大会交流发言，获评中国行为法学会二等奖。文章立足苏州市的警情特点，以实证研究的方法具体探讨了侦查阶段开展刑事和解的现状、可行性研究及实施路径问题，受到与会专家学者的好评。在此基础上，课题经中国行为法学会认证，由张跃进、陆晓认领，成为警察行为研究中心承担的部级课题。该课题的研究主旨在于：通过数据进行实证研究，一是落实宽严相济的刑事司法政策，探索政策具体落地的实现路径；二是探讨优化司法职能配置的可能性，节约司法资源；三是在源头上化解社会矛盾，不断增加社会和谐因素，不断减少社会不和谐因素。

（二）统一思想

自 2008 年以来，苏州市公安局每年安排专门时间，集中学习，开办领导干部研讨班。2008 年 10 月，首期研讨班确立了“五个度”政绩观和创建“六个型”公安机关目标，解决了转型发展的方向问题。2009 年 4 月，带有研讨班性质的“相城会议”，提出了刑侦转型发展的要求，解决了转型的路径问题。2010 年 7 月，第三期研讨班提出了推进公安工作深度转型升级发展的目标任务，提出公安工作五大转变和领导干部八种状态下开展工作的路径方法。2011 年 7 月，围绕“加强理性思维、提高领导干部理性思维能力”开展了专题研讨，并围绕“理性审视过去，科学谋划发展，加快推进公安工作全面、协调、可持续发展”进行了专题辅导。2012 年 9 月，围绕“领导干部组织推动工作需要理性把握”的几个问题进行研讨，并从理念、思路、机制、方法和生态五个方面进行了思想纠偏和专门辅导。2013 年 11 月，围绕“深化警务现代化建设，提升科学发展能力，更好发挥平安中国示范区建设主力军作用”的主题开展研讨，进一步深化了对警务现代化内涵的认识以及对实现路径的把握。每年一度的公安领导干部研讨班传播了理性科学声音，转变了干部思想观念，为组织推进公安刑事和解工作奠定了思想基础，同时在研讨班上也对刑事和解工作进行了重点强调。

在2011年7月召开的苏州市公安领导干部研讨班上，题为“理性谋发展，倍加重视把握良好的发展机遇，在加快转型发展、优化发展、科学发展上求突破”的辅导报告中提出：要以刑事和解体现宽严相济政策。苏州市局专门成立了刑事和解课题组，在全国公安机关率先开展课题研究，并得到了中央政法委的支持。之后，会同市检、法、司联合制定《轻微刑事案件侦查阶段刑事和解暂行规定（试行）》。该规定要求：对主观恶意较小、犯罪情节较轻、社会危害不大的初犯、偶犯、未成年犯等，通过刑事和解的方式，加强管理，纳入社区矫正。其后，该规定在试点的基础上全面执行。

2013年11月，题为“深化警务现代化建设，提升科学发展能力，更好发挥平安中国示范区建设主力军”的辅导报告中再次提到：要进一步加强轻微刑事案件侦查阶段刑事和解工作，从警务流程、工作机制及外部配套机制等方面下功夫，提高刑事和解成功办理率，尽可能帮助被害人得到补偿，尽可能减少社会冲突，努力实现法律效果与社会效果的有机统一。

（三）达成共识

在理论调研和实践试点取得初步成果的基础上，为进一步完善公安侦查阶段刑事和解程序规定，更好地对接《刑事诉讼法》修正案精神，以便在以后的执法实践中更加深入广泛有效地推进侦查阶段刑事和解工作，2013年9月22日，由法制日报社、苏州市人民政府、中国人民大学诉讼制度与司法改革研究中心共同主办，苏州市公安局、昆山市公安局承办的“刑事和解制度”论坛在昆山市举行。来自最高人民法院、公安部、全国律师协会相关部门和国内刑事司法领域著名专家学者以及苏州市、昆山市政法系统的有关领导近百人参加论坛，共同聚焦苏州市创新刑事司法和犯罪预防模式的经验做法，共同探讨刑事和解制度的思想理念、发展路径与未来走势。大会听取了苏州市公安局法制部门对公安侦查阶段刑事和解工作的情况汇报，论证了侦查阶段刑事和解的可行性、必要性，深入探讨了和解受案范围、办理程序、监督机制等法律实务性问题，取得了苏州刑事和解实践的初步成果。

1. 论坛充分肯定刑事和解的价值意义。中国人民大学教授、博士生导师陈卫东谈道:“过去的和解只存在于刑事自诉案件中，公诉案件是不允许和解的，2012年修正的《刑事诉讼法》把和解运用到了公诉案件，而且比较妥当地处理了公民个人的私权和国家刑罚权之间的矛盾。对于一些情节轻微，犯罪危害性不大的案件，通过这样一种方式解决纠纷，是我们国家刑事案件纠纷解决机制的一个创新。”法制日报社总编辑雷晓路谈道：“构建社会主义和谐社会需要妥善解决社会纠纷、化解社会矛盾、稳定社会秩序。当代刑事法治制度应当在刑事法治运作过程中展现出各种刑事法律关系之间的人性化、宽容度和妥协性。2012年修正的《刑事诉讼法》增设‘当事人和解的公诉案件诉讼程序’，使争议多年的‘刑事和解制度’在法律上终于有了‘名分’，为社会主义和谐社会建设和法治建设开拓出了一条新路，必将对有效平衡加害人、被害人以及国家三方利益，恢复社会关系，提高刑事诉讼效率，起到越来越重要的作用。”

2. 论坛广泛认可苏州公安刑事和解的探索。中央政法委政法研究所原巡视员牟君发谈道：“苏州市公安机关以不断创新的理论勇气，以敢于担当的智慧和力量，率先在全国公安机关开展了轻微刑事案件刑事和解的试点工作，一年多的执法实践表明，公安刑事和解试点是顺利的，是健康的，法律效果、社会效果是良好的。目前，苏州市公安机关办理的刑事和解案件尚未发生反悔现象。”复旦大学教授、博士生导师谢佑平谈道：“我听了苏州在和解试点当中的经验深有启发，感觉到理论和实践是互动的。我国现在能够把当事人和解程序写进法律，执法机关，特别是苏州市司法机关超前的司法改革意识和创新勇气令我非常敬佩。”

3. 论坛对苏州公安刑事和解工作提出建设性意见。北京师范大学法学院教授、博士生导师宋英辉谈道：“‘和解’应该区分制度上规定的和解及理念上的和解。制度规定的和解，有法律上的条件、范围，没有太多争议。理念上的和解，从恢复性司法角度看，如果犯罪人真诚悔罪，被害人谅解，至少减轻了犯罪人亲友对社会的对立，减少了犯罪人亲友可能存在的对被害人或社会的报复，鼓励双方把关系修复。2012 年修正的《刑事诉讼法》中，赔偿是达到和解的重要方式，但金钱的赔偿不能过分被强调，应通过公益活动、劳务补充、赔礼道歉等方式辅助实施。办案机关要认识到刑事和解不是单纯的民事赔偿，赔偿不能太离谱，脱离一般社会公众认同的程度，可以考虑对赔偿数额进行审查并有所限制。”上海社会科学院法学研究所所长、博士生导师叶青谈道：“应对《刑事诉讼法》（2012 年修正版），要坚持‘三要三不要’原则。‘三要’是指：一要以加害人的行为构成犯罪为前提；二要加害人必须真诚悔罪、赔偿损失、赔礼道歉，加害人获得被害人的谅解，加害人与被害人必须自愿达成和解协议，这三个法定条件同时具备；三要将刑事和解的案件范围严格控制在法定的两类案件中。‘三不要’包括：一不要过分强调‘赔偿损失’，以免出现‘以钱赎刑’或是‘富人专利’的司法不公现象，从而引发社会舆论。二不要担心侦查权被滥用。刑诉法实际上有一套程序规定，公安机关可以向检察院提供从宽处理的建议，并没有规定公安机关可以做出撤销案件的处理，公安机关仍应将案件材料连同和解协议随起诉意见书一并移送同级检察院进行审查处理。三不要将公诉案件的和解制度与自诉案件的和解制度相混淆，公诉案件的和解重在修复社会关系，并无终止诉讼的功效，而自诉案件只适用于审判阶段，和解的目的是以达成和解协议的方式解决纠纷，而后撤销自诉。”全国律协刑事业务委员会主任田文昌谈道：“刑事和解是司法机关首先尝试的一种方式，但 2012 年修正的《刑事诉讼法》极易使律师在其中的作用受到忽视。实际上，由于律师的职业优势，其在刑事和解过程中可以发挥更大的主动作用。第一，律师的身份便于沟通，律师参与刑事和解是典型的民间行为，是公权和私权的结合应用；第二，在律师的参与下，群众更加能接受和解；

第三，通过双方律师之间相互沟通，可以避免漫天要价，也容易达到调解目的。”

二、组织开展

苏州公安刑事和解，从立项成为中国行为法学会部级研究课题，到基于探索上升成为公检法司四家会签的文件，经历了边调研、边认识、边实践、边提升的渐进过程。苏州市公安局组织的课题组深入基层，认真听取基层一线声音，掌握大量一手资料，很好地实现了理论创新和实践探索的良性互动。

（一）组织开展基层调研

为了掌握基层执法单位对开展刑事和解办理的意见看法、基层公调对接人员素质力量，尤其是 2005 年以来公安机关办理轻伤害调解案件的总体情况，通过实证研究为刑事和解提供借鉴参考，苏州市公安局刑事和解课题组及时跟进和解工作进展情况，先后五次深入基层一线开展实践调研，不断深化课题研究，有效推进刑事和解实务工作。

1. 实地调研，摸清形势。2011 年 3 月，苏州市公安局就公安机关办理轻微刑事案件刑事和解开展调研。通过座谈听取情况，实地考察了解，共同商议研究，掌握了基层公安机关办理轻微刑事案件刑事和解的想法和做法，了解了群众对公安刑事和解的意愿态度，加深了对公安机关开展刑事和解必要性、可行性的思想认识，提出了全市公安机关刑事和解具体实施的初步构想。调研显示：公安民警、基层调解人员和市民群众，对刑事和解广泛持赞成和支持的态度。经过多年的公调对接及轻伤害案调解工作经验的累积，基层调解工作形成了工作机制，积累了丰富经验，取得了良好成效。调研认为：从苏州经济社会发展、社会治安综合治理以及公安工作面临的新情况新问题的实际情况出发，公安机关开展刑事和解工作既是必要的，也是可行的。其必要性在于：苏州市公安机关近年来打击犯罪能力及社会治安管控能力不断增强，但严重刑事犯罪的发案率仍然居高不下，需要集中精力用更强有力的措施打击严重刑事犯罪，而有限的警力被轻微刑事案件牵制了较大精力，需要用更加优化的工作措施予以解决。其可行性在于：中央关于宽严相济刑事政策的部署，为公安机关开展刑事和解提供了政策依据；基层公安机关刑事和解的探索实践，已积累了一定的经验；苏州市一些区检察院、法院开展的刑事和解，为公安机关开展刑事和解提供了借鉴；基层人民调解队伍成为开展刑事和解的社会力量组成。

调研报告还从指导思想、基本原则、和解条件、和解范围、案件办理等几个方面对公安机关刑事和解工作提出了总体框架建议，并从提高民警执法办案理念、明确和解条件范围、借鉴公调对接做法、加强社区监管、组织试点稳步推进等方面对公安刑事和解工作提出了意见建议。在此基础上，课题组向苏州市政法委提交了《关于公安机关办理轻微刑事案件刑事和解的调查报告》，也促成了苏州市公、检、法、司四家单位于 2011 年 5 月 20 日印发《轻微刑事案件侦查阶段刑事和解暂行规定（试行）》，并于 2011 年 6 月 1 日正式实施。

2. 跟踪随访，把脉实践。为切实掌握刑事和解工作在实际办案中的进展情况及规定执行情况，2011 年 8 月，课题组组织开展了第二次基层调研。课题组走访调研对象既有“面”上的法制办、交巡警支队、指挥中心、合成行动队等警种部门，也有“点”上的金阊分局、平江分局等试点单位。调研显示：总体来看，当前苏州公安刑事和解工作开局良好，成效初显。一是基层办案单位思想认识统一。普遍认为开展刑事和解工作是司法改革大势所趋，是中央文件精神的具体落实，对降低司法成本、满足群众诉求、增加社会和谐、减少社会不和谐大有裨益。二是当前推进平稳有序。各单位均已办结部分和解案件，全市整体上呈现出有序推进的良好开局。许多单位还结合条线警种实际，细化了规定。但调研中警种条线、办案民警普遍反映无论是在暂行规则层面上，还是在实际操作层面上均存在一些问题亟待解决。比如法律衔接问题，具体包括：与《治安管理处罚法》的衔接问题，触犯《刑法》可以和解，而违反《治安管理处罚法》却不可以和解，容易带来新的不公平；与《刑事诉讼法》的衔接问题，对于取保候审期间评鉴不合格的，可以重启司法诉讼程序，但是容易引起“司法报复”的误区；与社区矫正衔接的问题，社区矫正在《刑法》规定里有明确对象，加害人纳入社区矫正缺乏法律基础；还有操作实务的问题，如缺乏对刑事和解次数的具体规定，缺乏对刑事案件赔偿补偿标准的明确，缺乏对和解案件嫌疑人帮教手段方法的细化。对此，课题组对改进完善刑事和解工作也提出了若干建议：一是细化标准，对和解次数、赔偿标准、与《治安管理处罚法》的衔接等方面提出相应对策；二是规范流程，建立和解案件二级集体通案制，明确和解案件必须在办案系统内运行，明确和解后的社区矫正帮教要配套等；三是科学互动，建议办案单位紧密跟踪观察和解案件当事人双方在和解后的情况，收集周围群众的反响，为及时调整规则、堵塞漏洞提供第一手资料。

3. 追逐个案，再下基层。2012 年 3 月，苏州市公安局刑事和解工作课题组从个案层面对刑事和解进行了跟踪调查，召开了由苏州市局法制等有关部门负责同志、昆山市局及平江分局和工业园区分局负责同志、基层办案人员参加的座谈会，走访了跨塘、唯亭、平江路三个派出所，听取了检察机关负责同志和 4 起和解案件当事人的意见等。从调研情况看，半年多来全市公安机关已办结轻微刑事案件刑事和解 83 起，主要涉及故意伤害、交通肇事、盗窃、故意损坏财物、寻衅滋事、过失致人死亡等 6 类案件，其中已办结的轻微刑事案件，案件事实清楚，办案程序严格，尊重自愿原则，公开公正合理，符合社会良俗，符合法律原则，符合《刑事诉讼法》（2012 年修正版），社会效果良好。具体表现在：一是公安机关以查明事实为前提，坚持平等自愿原则，调处矛盾纠纷，和解事了，双方当事人均表示满意。一位和解案件当事人家属动情地说：“刑事和解的政策很好，对双方都有利，对我们的正常生活、工作都有帮助，我们很拥护，也希望更多人受益。”二是公安机关坚持办理刑事和解案件网上流转，和解过程录音录像，内部监督规范到位，受到法律工作者的好评。受当事人委托参与刑事和解的一位律师在办案现场表示：“公安机关的整个和解程序规范公开，全方位自觉接受监督，取得的和解效果是公正的。”三是公安机关严格按照规定和解，主动接受监督，推进积极稳妥，受到检察机关的好评。原平江区检察院侦监科科长熊融认为：“平江区开展刑事和解比较早，有全市首起和解案例，也有全市首例涉外和解案例。在和解实施过程中，我们较好地执行了报备抽查制度和对当事人的询问制度，从而较好地保证了和解的质量。”调研组还提出要及时调整相关规定、优化和解案件办案系统、完善基础执法办案考核指标等若干意见建议。

（二）制定落实具体规定

鉴于公检法司相互配合、相互监督、相互制约的法律关系，公安刑事和解工作牵一发而动全身，在具体推进公安刑事和解工作过程中，苏州市公检法司等相关单位先后三次会签文件，支持公安刑事和解工作。

1. 形成初步规定。经过2011年3月的基层调研，苏州市公检法司印发并实施了《轻微刑事案件侦查阶段刑事和解暂行规定（试行）》（以下简称《暂行规定（试行）》）。《暂行规定（试行）》共包括总则、适用范围和条件、和解内容及形式、和解程序及法律后果、社区帮教、执法监督、附则7个部分24条规定。在和解范围上，规定将轻微刑事案件界定在公安机关管辖的侵害特定被害人的故意犯罪或者有直接被害人的过失犯罪，依法可能判处三年以下有期徒刑、拘役、管制或者单处罚金，且犯罪嫌疑人系初犯、偶犯、未成年人或者七十周岁以上老年人，真诚悔罪，并具有法定从轻、减轻或者酌定从轻处罚情节的刑事案件，具体案由范围为因民间纠纷引起的轻伤害案件、交通肇事案件、轻微盗窃和诈骗案件、其他轻微刑事案件，并明确规定了禁止和解的案件类型。在和解形式上，指出既可以由双方当事人自行和解，也可以通过公安机关、人民调解委员会、基层自治组织或个人调解。在和解指向上，明确规定当事人双方是对赔偿损失、恢复原状、赔礼道歉、精神抚慰等民事责任事项进行和解，而不得对案件的事实认定、证据等依法属于公安、司法机关职权范围的事宜进行协商。在和解程序方面，规定轻微刑事案件破案后，办案部门经审查认为符合本规定适用范围和条件的，应当集体通案并制作《呈请刑事和解报告书》，报经县级以上公安机关负责人批准后，告知双方当事人可依法提出刑事和解；当事人不同意的，办案部门应当尊重当事人意愿，不得强行调解。达成并履行和解协议的，公安机关应当对达成和解的犯罪嫌疑人采取或者变更为取保候审的强制措施。和解协议履行完毕，并经社区帮教评鉴合格的，公安机关应当解除对其取保候审的强制措施，并作出撤销案件的决定。决定前，办案部门应制作《轻微刑事案件和解意见书》及《呈请撤销案件报告书》，经集体通案，报县级以上公安机关负责人批准。公安机关作出撤销案件决定的，应当将案件材料送同级人民检察院备案，接受检察院监督。在和解监督方面，明确公安机关法制部门应当加强对刑事和解案件的监督，一旦检察机关发现公安机关应当依照本规定进行刑事和解而未适用的，可以通知公安机关进行和解。为贯彻落实《暂行规定（试行）》，苏州市公安局同步制定了《轻微刑事案件侦查阶段刑事和解暂行规定（试行）的实施细则》，就具体执法办案环节作了明确规定，为一线具体执法办案提供了操作规范。

2. 做出进一步规定。2012 年 5 月苏州市公检法司印发《轻微刑事案件侦查阶段刑事和解暂行规定（修订）》（以下简称《暂行规定（修订）》）文件，对《暂行规定（试行）》进行了修订完善。《暂行规定（修订）》对公安刑事和解案件的适用范围进行了调整，明确因民间纠纷引起，涉嫌《刑法》分则第四章、第五章规定的犯罪案件，可能判处三年有期徒刑以下刑罚的，或可能判处七年有期徒刑以下刑罚的过失犯罪案件，由公安机关管辖的轻微刑事案件可适用暂行规定。较之《暂行规定（试行）》，其在和解范围上有了一定的拓宽，与《刑事诉讼法》（2012 年修正版）进行了更好的对接。和解内容和形式方面没有大的修改，在和解程序提起方面有了新的调整，由原来的先经县级以上公安机关负责人审批后告知当事人，变为先告知当事人后报请审批。在法律后果方面，为适应《刑事诉讼法》（2012 年修正版）要求，有了新的调整。《暂行规定（修订）》明确：和解协议履行完毕，依法应当追究犯罪嫌疑人刑事责任的，公安机关可以向人民检察院书面提出从宽处理的建议。当事人双方达成并履行的和解协议作为犯罪嫌疑人在法定幅度范围内从宽处理的依据一并移送检察机关。轻伤害、交通肇事等轻微刑事案件和解协议履行完毕，犯罪嫌疑人经社区帮教评鉴合格，情节显著轻微、危害不大，可以不追究刑事责任的，公安机关可以解除对其取保候审的强制措施，并作出撤销案件的决定。决定前，办案部门应制作《轻微刑事案件和解意见书》及《呈请撤销案件报告书》，经集体通案，报县级以上公安机关负责人批准。此调整与《刑事诉讼法》（2012 年修正版）特别程序规定中的“对于和解案件，公安机关可以向人民检察院提出从宽处理的意见”实现了更好的对接。同时对于轻伤害案件和交通肇事案件实行快捷方便的程序，更好地保护了双方当事人权益。苏州市公安局《轻微刑事案件侦查阶段刑事和解暂行规定（修订）的实施细则》同步出台，确保了《暂行规定（修订）》落到实处，也更方便了基层民警具体执法办案。

3. 完善具体办案程序。为进一步发挥公安机关在化解社会矛盾和构建和谐社会中的职能作用，正确贯彻宽严相济的刑事政策，《刑事诉讼法》（2012 年修正版）等有关规定，2013 年 8 月，苏州市公安局、苏州市人民检察院联合制定《公安机关办理刑事和解案件程序规定》。在适用范围方面，明确规定曾因故意侵害行为有过刑事和解记录的不准和解。刑事案件事实查清后，办案部门经审查认为符合本规定适用范围和条件的，应当书面告知当事人可以刑事和解。在办案程序上，规定双方当事人同意和解的，办案部门应当向刑事案件审核主管部门报备，并告知当事人查明案件的基本情况、和解的方式、内容及刑事案件可能从宽处理的法律后果和双方的权利义务，听取当事人双方对和解的意见并记录在案，同时按操作流程要求将相关信息输入刑事和解办案系统。备案主管部门应当及时审查和监督，纠正不当处理。在和解协议履行方面，规定符合刑事和解条件并具有法定从轻、减轻或者酌定从轻处罚情节，但因经济困难无法达成和解协议的初犯、偶犯，可以向有关单位申请垫付刑事和解赔偿金。救助单位经审批同意的，在代为支付赔偿金前可以与犯罪嫌疑人签订偿还协议。在移送审查起诉方面，规定当事人达成和解协议并履行完毕的，办案部门可以在起诉意见书中提出从宽处理的建议，也可以单独制作对犯罪嫌疑人的从宽处理建议书，报请公安机关负责人批准。此外，增加特别和解程序：对于不符合本规定刑事和解适用范围，但犯罪嫌疑人明确表示愿意退赔或者补偿被害人人身、财产损失的刑事案件，公安机关可以参照刑事和解程序，积极促进当事人双方达成谅解协议。犯罪嫌疑人与被害人达成谅解协议并履行的，公安机关将案件移送审查起诉时，应当向检察机关书面提出从轻处理的建议。当事人双方达成并履行的谅解协议一并移送检察机关。此规定在已有制度规定和解的基础上，实现了理念上的和解，进一步丰富及拓展了和解的内涵外延。

（三）实行网上操作公开运行

为了消除社会公众对刑事和解可能造成以钱买刑、暗箱操作等的认识误区，苏州市公安局开展刑事和解工作伊始就确立了实行网上办案、阳光操作的工作思路，开发了刑事和解办案系统，明确了办案操作流程，强化法律、纪律和社会公众的共同监督，确保公安刑事和解工作依法依规推进实施。

1. 规范办案流程。建立规范的刑事和解执法办案流程是执法规范建设的需要，也是确保刑事和解工作公平公开公正运行的需要。苏州市公安局在实施推进刑事和解工作中，建立了刑事和解办理流程图，从案件进入执法办案系统，到刑事和解程序启动，再到最终办结案件进入起诉程序都作了细致明确的规定。实现了刑事和解办案过程的全程覆盖，实现了案件进出和解操作系统的充分衔接，实现了和解案件办理关键节点上的有效控制。

2. 建立办案系统。苏州市公安局借助于江苏省厅的执法办案综合平台研发了刑事和解案件执法办案系统，为公安刑事和解工作提供了有效平台载体，实现了办案系统的自动化运行。使案件来源实现了智能筛选与人工核查相结合的工作机制，案件办理实现了过程控制与结果控制相结合的具体举措，案件流转实现了刑事和解与退赔谅解相结合的双向系统。

三、过程控制

苏州市公安机关在实施刑事和解的过程中，在提升思想认识和加强组织推动的同时，从警务现代化的发展高度和警务考核体系的具体举措等方面加大工作力度，强化过程控制，不断提升刑事和解的规范化程度。

（一）从警务现代化的高度认识和推进刑事和解工作

苏州公安根据苏州经济社会要率先基本实现现代化的发展实际，立足为现代化建设提供良好治安环境和服务环境的职能定位，提出要率先基本实现警务现代化，从服务管理的人本化视角，把刑事和解工作纳入现代化发展体系。提出做好刑事和解工作是化解社会矛盾、增创社会和谐的具体体现，是服务管理人本化在警务执法办案中的具体反映，有利于修复被破坏的社会关系，有利于及时弥补受害者损失和挽救失足者，有利于实现法律效果和社会效果的统一。从警务发展现代化的高度来认识和推动刑事和解工作，不仅是对公安刑事和解工作现实价值和发展方向的充分肯定，也是对深度推进刑事和解工作决心和意志的体现，必将在深化刑事和解工作中发挥引领和推动作用。

（二）对刑事和解工作设置了现代化指标参数和测算方法

2011 年 11 月，苏州市公安局围绕“十二五”期间深度转型、实现新一轮发展的总目标，率先提出了基本实现警务现代化的奋斗目标，对警务现代化指标体系的构建开展专题研究，对照国际国内先进警务理念，从实际出发深入论证，形成了服务管理人本化、警务运行集约化、警务执法规范化、警务手段科技化、警务工作社会化和警队管理科学化等六大类 23 项共 50 个指标组成的基本实现警务现代化的指标体系，在指标体系的“服务管理人本化”大类的“执法为民能力”项中设置了“轻微刑事犯罪案件侦查阶段刑事和解成功办理率”的指标。设置该项指标，旨在转变传统的执法理念，努力促进法律效果和社会效果的统一。并具体制定了测算方法：轻微刑事犯罪案件侦查阶段刑事和解成功办理率 = 刑事和解告知率（公安机关履行告知义务的案件 / 符合刑事和解法定范围的案件）× 刑事和解成功率（达成刑事和解的案件 / 符合刑事和解实质条件的案件）×100%。确定目标值为 80%，权重为 1，占总体现代化指标体系比重的 1%。通过对刑事和解工作的指标设定，按照可采集、可量化、可对比的原则，确保了评价的有效性和操作的可行性，也直接推动了公安刑事和解工作的深入展开。

（三）建立警务绩效考核评估体系

苏州市公安局针对传统警务工作偏重于打击数字，影响警务科学发展的问题，通过完善绩效考核机制实施纠偏工程，建立了以“人民群众满意度” “治安掌控度” “警营和谐度” “资源整合与能力提升度” “党委政府和上级公安机关认可度”为主要内容的“五度”绩效考核办法，破除各级领导干部传统的警务“GDP”政绩观，警务工作更加注重民意导向，更加注重推动警务工作全面协调可持续发展。一是“人民满意度”。考核内容主要包括群众满意度测评体系、源头性执法执勤工作、信访工作和社会矛盾化解、作风效能建设以及网上沟通办事能力等。二是“治安掌控度”。考评内容主要由维稳工作、控制违法犯罪活动、打处能力、社会治安管理等方面构成。三是“警营和谐度”。

考评主要涵盖单位内部测评、民警休假执行情况、“警营恳谈”工作、勤政廉政情况等。四是“资源整合和能力提升度”。考评主要涉及教育培训、信息化建设、“警民恳谈”工作、科学用警、决策能力等。五是“党委政府和上级公安机关的认可度”。主要考察单位依法履职、专项工作推进、上级机关评价等情况。在“五度”考核中，“人民满意度”权重最大，占比达40%，目的是要让全警确立“百姓满意决定警务论”的理念，真正把人民群众的安全感或满意度作为评判警务工作的根本标准落到实处。“治安掌控度”占比30%，目的也是突出公安机关打、防、管、控主业，维护社会平安稳定。“警营和谐度”占比10%，“资源整合和能力提升度” 占比10%，“党委政府和上级公安机关认可度”占比10%，力求各项工作全面协调发展。

刑事和解在苏州公安“五度”考核中同样有考评指标。在《苏州市公安局关于市（区）分局领导班子和主要领导绩效考核评估办法》中，在“人民满意度”板块的“提升执法质量水平”项目中，对刑事和解设置了专门的考核指标。“符合《轻微刑事案件侦查阶段和解暂行规定（修订）》要求的轻微刑事犯罪案件，侦查阶段刑事和解办理率不低于80%，每低0.1个百分点扣0.1分；办理刑事和解案件（含退赔案件）数占地区破刑事案件数比例与所属组别平均水平比，每高／低0.1个百分点，加／扣0.1分。”把刑事和解纳入民警绩效考评体系，将惠民利民政策落到实处。

四、规范办理

（一）立案审查

刑事和解案件专管员在2个工作日内对可能进行刑事和解、案件事实已查明的信息进行立案前审查。市（分）局刑事和解案件专管员在刑事和解立案筛选后对系统确定的案件进行流转。对符合刑事和解的故意犯罪和过失犯罪的案件，通过刑事和解系统下发至办案部门的法制员，系统将专管员筛选的案件自动转换为告知提示向具体办案部门自动发出告知指令。办案部门法制员应当在2个工作日内到网上签收“属于刑事和解范围”指令告知提示。

（二）告知当事人

办案部门法制员签收指令并复查案件事实后应通知办案民警在3个工作日内向嫌疑人一方及被害人一方履行刑事和解告知。办案民警根据法制员的要求首先向嫌疑人一方送达刑事和解告知书，嫌疑人表示愿意和解的，办案民警再行向被害人送达刑事和解告知书。对被羁押的嫌疑人，办案民警须直接至看守所进行告知。在告知及征求嫌疑人意见时，可以使用告知书，也可以在讯问笔录中载明。办案民警应对被羁押的嫌疑人是否愿意和解进行询问，嫌疑人愿意和解的，应将意见记录在告知书或相应的笔录中，嫌疑人不愿意和解的意见也应当记录在告知书或相应笔录中。嫌疑人愿意和解的，还应当问明其所委托人员的身份及联系方式，并拿出系统自动生成的专用委托文书由嫌疑人确认。办案民警应将被羁押嫌疑人的委托内容及时通知被委托人，由被委托人决定是否同意接受委托代为和解。告知、询问及记录方法参照前述规定进行。

（三）和解程序

经依法告知犯罪嫌疑人、被害人后，双方同意和解的，公安机关依法启动刑事和解程序。由公安机关或者人民调解委员会或者相关人员对双方当事人进行调解，进一步告知刑事和解达成协议后的法律后果，要求犯罪嫌疑人必须真诚悔过，积极向被害人赔礼道歉，赔偿损失；被害人或者其法定代理人、近亲属对犯罪嫌疑人的行为予以谅解，对经济赔偿数额进行合理计算等，正式启动刑事和解程序。刑事和解调解措施主要有三种情况，第一种是由公安机关组织进行调解；第二种是由辖区司法部门下属的人民调解委员会进行调解；第三种是由当事双方都认识或者都熟知的中间人进行调解。当事人达成和解的，公安机关办案部门重点对和解协议的以下几方面进行审查：一是当事人双方是否自愿，是否是真实的意思反映；二是犯罪嫌疑人是否真诚悔罪并且积极履行和解协议；三是犯罪嫌疑人的经济赔偿数额与其所造成的损害是否相适应，是否存在明显不合理的情形；四是被害人及其法定代理人或者近亲属是否明确表示对犯罪嫌疑人予以谅解，如果有含糊其辞的情形，要查清是否另有隐情；五是是否符合相关法律法规规定，至少是不违反法律法规的规定；六是是否损害国家、集体和社会公共利益或者他人的合法权益，有损害第三方利益的，自然无效；七是是否符合社会公德，有些和解虽然不违反法律的明确规定，但可能违反社会的一般价值评判标准。通过以上七个方面的全面审查，确保和解双方的自愿性、真实性，赔偿数额的适当性、公平性，以及整个程序的合法性和合理性，避免部分当事人利用对方弱点及乘人之危进行胁迫、敲诈。双方自行达成和解的，最后都由公安机关主持制作和解协议书，由双方当事人及其他参加人员签名，并同步录音录像。当事人中有未成年人的，未成年当事人的法定代理人或者其他成年亲属应当到场并签名。

（四）和解监督

《刑事诉讼法》（2018 年修正版）第 113 条规定：“人民检察院认为公安机关对应当立案侦查的案件而不立案侦查的，或者被害人认为公安机关对应当立案侦查的案件而不立案侦查，向人民检察院提出的，人民检察院应当要求公安机关说明不立案的理由。人民检察院认为公安机关不立案理由不能成立的，应当通知公安机关立案，公安机关接到通知后应当立案。”除了《刑事诉讼法》明确规定的监督程序之外，苏州公安机关充分发挥内部执法监督部门的职能作用，依托公安内部网络“大平台”执法办案系统，开发执法监督系统，县市两级法制部门落实专门人员，从接报警、受理案件源头开始，充分利用科技信息化手段，对重点案件特别是刑事和解案件进行立案监督，防止该立不立、以调解代替立案侦查、未查清事实即调解等违法违规行为发生，确保符合刑事和解条件的案件应立尽立。

（五）社区帮教

基层公安机关、社区民警与社区其他有关部门、社会力量配合，通过帮助安排劳动和生活、严格管理制度、加强思想教育等措施，对有违法和轻微犯罪行为的人员进行帮助和教育，促使其悔过自新，积极转化，成为遵纪守法公民的一种社会性教育管理措施。社区帮教具有非强制性，它既不是行政处分，也不是行政处罚，更不是刑事处罚，而是一项凭借社会主义优越性，凭借社会物质力量、精神力量、道德力量、教育力量和科学管理，逐步改变和减少产生违法犯罪的条件和因素，预防违法犯罪的发生，把帮教对象教育成有益于社会的新人的社会性教育管理措施。

在刑事和解案件移送起诉后，检察机关认为不宜追究刑事责任建议另行处理的，公安机关在撤案后，将犯罪嫌疑人纳入其实际居住地实施社区帮教。社区帮教要注重营造人性化帮教氛围，规范帮教流程、落实帮教制度、增强帮教实效，做到措施到位，责任到人，任务到人，切实实现社区帮教的目的。

新时代“枫桥经验”的孕育与实践

华乃强 *　鲍浩东 **　蒋国长 ***　苗亮亮 ****

摘　要：毛泽东思想催生了“枫桥经验”，习近平新时代中国特色社会主义思想孕育了新时代“枫桥经验”。坚持发展新时代“枫桥经验”，对于深刻领会习近平新时代中国特色社会主义思想，打造共建共治共享的社会治理格局，推动基层社会治理体系和治理能力现代化，以及实现浙江全省公安机关服务保障“两个高水平”和建设“平安中国示范区”具有重大的现实意义和深远的历史意义。

关键词：新时代“枫桥经验”　社会治理　现代化

习近平总书记对“枫桥经验”高度重视，先后作出 45 次重要讲话、指示和批示，其中在浙江工作期间作出了 39 次之多。15 年来，“枫桥经验”之所以能够与时俱进、历久弥新，显示出持久的生命力，根本在于习近平同志以及历届浙江省委、省政府继承和发扬“枫桥经验”的基本精神，并贯穿于经济、政治、文化、社会、生态文明和党的建设的各个领域，根据形势的变化不断丰富和发展“枫桥经验”，赋予其新的时代内涵，从而形成了新时代“枫桥经验”，并指导经济社会全面协调健康可持续发展。可以说，毛泽东思想催生了“枫桥经验”，习近平新时代中国特色社会主义思想孕育了新时代“枫桥经验”。坚持发展新时代“枫桥经验”，对于深刻领会习近平新时代中国特色社会主义思想，打造共建共治共享的社会治理格局，推动基层治理体系和治理能力现代化，实现公安机关服务保障“两个高水平”和建设“平安中国示范区”具有重大的现实意义和深远的历史意义。

* 华乃强，浙江省警察协会主席。

** 鲍浩东，浙江省警察协会副主席兼秘书长。

*** 蒋国长，浙江警察学院学刊编辑部副主任、浙江省警察协会副秘书长。

**** 苗亮亮，浙江省警察协会民警。

一、新时代“枫桥经验”在“八八战略”的指引下形成，并贯穿于实施“八八战略”的始终

15年来，浙江省历届省委、省政府坚决贯彻落实习近平同志关于创新发展“枫桥经验”的重要论述，将创新发展“枫桥经验”贯穿于“八八战略”和“平安浙江”“法治浙江”建设的各方面、全过程，有效维护了社会和谐稳定，使浙江经济得到了持续快速健康发展，使浙江省成为了全国区域发展最为协调、最平安的省份之一。

（一）“八八战略”是指引浙江发展的总纲领、推进浙江工作的总方略

“八八战略”是“五位一体”总体布局和“四个全面”战略布局在浙江的先期探索和生动实践。步入新世纪新阶段，作为经济较为发达的东部省份和市场经济的先发地区，浙江更早地感受到了一些新的带有普遍性的矛盾和问题，率先遭遇了转型发展中的挑战和困难，由各类矛盾引发的群体性事件呈现多发高发态势，经济高速增长付出的成本也在不断上升。党的十六大以后，浙江省委进一步明确了加快全面建设小康社会、提前基本实现现代化的战略目标。2003年7月10日，习近平同志从浙江经济社会发展的时代背景、现实基础和战略目标出发，在深入调查研究的基础上，主持召开了浙江省委十一届四次全会，作出了发挥“八个优势”、推进“八项举措”的“八八战略”。为了保障“八八战略”实施，2004年5月10日，以习近平同志为“班长”的浙江省委作出了建设“平安浙江”的重大战略决策，使浙江成为全国最早提出并全面部署“大平安”建设战略的省份。2006年4月26日，为推进社会主义法治建设，切实保障“八八战略”、“平安浙江”建设战略的深入实施，在习近平同志的倡导下，浙江省委又作出了建设“法治浙江”的重大战略决策。“平安浙江”和“法治浙江”建设，对保障“八八战略”的深入实施具有极端重要性和紧迫性。

（二）新时代“枫桥经验”在“八八战略”的指引下孕育形成

习近平同志指出，我国当前正处于体制转轨、社会转型的重要历史时期，经济社会发生了深刻变化，维护社会和谐稳定显得更为重要。党的十六大把“坚持稳定压倒一切的方针，正确处理改革发展稳定的关系”作为我们党的一条基本经验，并告诫全党要“倍加维护稳定”。以习近平同志为“班长”的浙江省委把创新发展“枫桥经验”置于实施“八八战略”、推进和谐社会建设的战略布局之中，把系统总结、全面推广、创新发展“枫桥经验”作为实施“八八战略”和“平安浙江”“法治浙江”建设的总抓手，摆在改革发展稳定大局中通盘考虑、整体推进。2004年5月10日，习近平同志在浙江省委十一届六次全会上强调，建设“平安浙江”，既是“八八战略”深化细化具体化的重要体现，又是深入实施“八八战略”的重要保证。2006年4月25日，习近平同志在浙江省委十一届十次全会上强调，建设“法治浙江”是发展社会民主政治的有效途径，是对

浙江现代化建设总体布局的进一步完善。习近平同志指出，创新“枫桥经验”就要在依法治省中，把加强党的领导、人民当家作主和实现依法治国有机结合起来，最广泛地动员和组织人民群众依法管理国家和社会事务，管理经济和文化事业，维护和实现人民群众的根本利益。因此，新时代“枫桥经验”是在习近平新时代中国特色社会主义思想的孕育下，随着“八八战略”的展开和实施而形成的。

（三）新时代“枫桥经验”贯穿于实施“八八战略”的始终

习近平同志指出，只有把握改革发展稳定的大局，自觉地把改革的力度、发展的速度和社会可承受的程度统一起来，真正做到在社会稳定中推进改革发展，通过改革发展促进社会稳定，才能真正实现在促进社会和谐稳定中推进物质文明、政治文明和精神文明的协调发展。我们必须站在改革发展稳定大局的高度去思考、去实践、去创新“枫桥经验”，通过改革发展促进社会稳定，在社会稳定中推进改革发展。“枫桥经验”始终在促进全省经济协调发展、维护全省社会稳定中发挥着积极作用，创新发展“枫桥经验”始终贯穿于实施“八八战略”、“平安浙江”建设、“法治浙江”实施当中。习近平同志指出，必须紧密结合深入实施浙江省委提出的进一步发挥“八个优势”、推进“八项举措”的决策和部署，最大限度地发挥“枫桥经验”在协调经济社会关系、预防化解社会矛盾、有效维护社会稳定中的积极作用，促进经济、社会和人的全面发展。习近平同志要求，各级党委、政府和各部门要牢固树立固本强基的思想，把创新发展“枫桥经验”作为总抓手，贯穿于建设“平安浙江”的始终，努力在综合、融合、结合上下功夫，使“枫桥经验”特色更加鲜明、内涵更加丰富，使建设“平安浙江”各项工作基础更加扎实、成效更加明显。习近平同志强调，创新“枫桥经验”，必须营造法治环境，在依法治省中取得明显成效，为全省加快全面建设小康社会、提前基本实现现代化创造良好的法治环境。因此，新时代“枫桥经验”始终贯穿于“八八战略”形成和实施的整个过程。

二、新时代“枫桥经验”在创新发展“枫桥经验”的基础上实现了三大历史性飞跃

习近平同志高度重视“枫桥经验”的创新发展。他在浙江工作期间作出的关于“枫桥经验”的 39 次重要论述中，有 31 次要求创新发展“枫桥经验”。这些重要论述，不仅赋予“枫桥经验”新的时代内涵，而且把创新发展“枫桥经验”融入到改革发展稳定的工作大局中，融入到“八八战略”的实施中，形成了新时代“枫桥经验”的重要思想基础和实践基础。

（一）从社会管理向社会治理的历史性飞跃

20 世纪初期，“枫桥经验”的适用范围从诸暨枫桥走向全省，时代内涵在原有的基础上被赋予了“党政动手、各负其责，依靠群众、化解矛盾，维护稳定、促进发展”以及“小事不出村、大事不出镇、矛盾不上交”等新内容，功能作用已经成为实现“矛

盾少、治安好、发展快、社会文明进步”的成功典型，在维护社会稳定、促进经济社会协调发展中发挥了积极作用。2003 年 11 月 25 日，习近平同志在纪念毛泽东批示“枫桥经验”40 周年暨创新“枫桥经验”大会上对“枫桥经验”的地位作用作出了高度概括和定位。习近平同志指出，40 年来，诸暨及枫桥的干部群众对“枫桥经验”十分珍惜、倍加爱护，始终坚持“枫桥经验”的基本精神不动摇，并根据形势的变化，不断丰富和发展“枫桥经验”，使“枫桥经验”与时俱进，显示出持久的生命力。党的十六大后，枫桥干部群众不断创新社会管理理念，完善社会管理格局，整合社会管理资源，积极探索社会管理的新模式，丰富和发展了新时期的“枫桥经验”，为探索具有中国特色、时代特征的社会管理之路提供了实践样本。党的十八大以来，以习近平同志为核心的党中央适时提出一系列推进社会治理现代化的新理念新思想新战略，为创新发展“枫桥经验”指明了方向、明确了目标，使“枫桥经验”从传统社会管理经验升级为现代社会治理经验。2013 年，以习近平为核心的党中央发布《中共中央关于全面深化改革若干重大问题的决定》，首次提出“社会治理”的概念，提出提高社会治理水平的重要命题，强调创新社会治理，必须着眼于维护最广大人民的根本利益，最大限度增加和谐因素，增强社会发展活力，提高社会治理水平；要求创新社会治理体制，改进社会治理方式，加快形成科学有效的社会治理体制。“社会管理”与“社会治理”存在本质性差异，正如习近平同志强调指出的，“治理和管理一字之差，体现的是系统治理、依法治理、源头治理、综合施策”。从“管理”到“治理”，虽然只有一字之差，但是社会治理比社会管理更加注重治理主体的多元化、治理主体之间的协同化、治理诉求的民主化，其思想更深刻、内涵更丰富，表明我国社会治理由传统社会管理体系向现代社会治理体系飞跃。

（二）从维护治安向平安建设的历史性飞跃

20 世纪 60 年代，浙江省诸暨县枫桥的干部群众在社会主义教育运动中创造了“发动和依靠群众，坚持矛盾不上交，就地解决，实现捕人少、治安好”的“枫桥经验”。1963 年 11 月，毛泽东同志亲自批示“要各地仿效，经过试点，推广去做”。20 世纪 60 年代中期和 70 年代初期，枫桥创造了依靠群众改造流窜犯、帮教失足青年的成功经验；党的十一届三中全会以后，枫桥坚持专群结合、群防群治，预防化解矛盾，维护社会治安，成为全国社会治安综合治理的典型。2004 年 8 月，习近平同志在浙江省委建设“平安浙江”领导小组第一次全体会议上强调，基层是建设“平安浙江”的基石，也是促进社会和谐稳定的重心所在。没有基层的平安，就没有全省的平安。“枫桥经验”虽然诞生在农村，但其强化基层基础、就地解决问题的基本精神具有普遍的指导意义，不仅适用于农村，而且适用于城市，不仅适用于社会治安工作，而且也完全适用于建设“平安浙江”的其他各项工作。习近平同志指出，“枫桥经验”凝聚了全省广大干部群众在社会治安综合治理工作实践中的创造，是全省加强基层基础工作，推进社会治安综合治理的有效载体。2004 年 9 月 23 日，习近平同志在同第二十次浙江省公安会议部分代表座谈时指出，“枫桥经验”最显著的特点就是抓基层、打基础，加强基层基础工作，推进社会治安综合治理。根据习近平同志的指示和省委的决策部署，浙江省的干部群众以学习、推广、创新“枫桥经验”为抓手，把加强基层基础建设作为战略性根本性任务，推动“枫桥经验”由维护社会治安向社会治安综合治理转变，进而再向推进平安建设转变，推动创建“平安乡镇”向“平安市县”再向“平安浙江”转变，推动平安创建向更高层次、更宽领域、更大范围推进。

（三）从典型经验向科学理论的历史性飞跃

习近平同志始终强调，发展是硬道理，是解决所有问题的关键；稳定是硬任务，是改革和发展的前提。小康社会是平安社会，富裕与安定是人民群众的根本利益，致富与治安是领导干部的政治责任。习近平同志鲜明地指出，“平安浙江”中的“平安”，是涵盖了经济、政治、文化和社会各方面宽领域、大范围、多层面的广义“平安”，“平安浙江”是浙江经济社会发展的“稳定器”和“安全闸”。习近平同志在总结推广和创新发展“枫桥经验”的过程中，始终坚持“两手抓、两手都要硬”的方针不动摇，紧紧围绕为经济建设服务这个大局，正确处理改革、发展、稳定的关系，高度重视维护社会稳定工作，促进经济与社会协调发展。坚持把总结推广和创新发展“枫桥经验”摆到改革发展稳定大局中通盘考虑、整体推进，以发展促稳定，以稳定保发展，用发展的思路谋划维护稳定的各项工作，用发展的理念解决影响稳定的各种问题。深刻阐述了富裕与安定、致富与治安、发展与稳定等一系列“两手抓、两手都要硬”的辩证思想。正如习近平同志关于“两个政绩观”的方针，推进经济发展是政绩、维护社会稳定也是政绩；关于“两份报表观”的方针，一手抓经济报表、一手抓平安报表等。这一系列“两手抓、两手都要硬”的方针在衡量社会治安良好标准的创造性运用，是满足人民对富裕与安定、致富与治安、公平与正义新期待的重大举措。习近平同志关于创新发展“枫桥经验”的一系列重要论述，极大地丰富和发展了“枫桥经验”的科学内核，大大超越了“枫桥经验”作为典型经验的范畴，形成了具有丰富理论内涵和独特实践价值的新时代“枫桥经验”，新时代“枫桥经验”已成为习近平新时代中国特色社会主义思想的有机组成部分。

三、公安机关要当好坚持发展新时代“枫桥经验”的践行者和排头兵

55年来，公安机关始终是推动“枫桥经验”创新发展的骨干力量。进入新时代，浙江省公安机关更要以排头兵的姿态，立足于“矛盾不上交、平安不出事、服务不缺位”，肩负起坚持发展新时代“枫桥经验”的职责使命。

（一）深刻领会新时代“枫桥经验”的内涵实质

“枫桥经验”源自公安，来自基层，是全国政法综治战线的一面旗帜，也是浙江的“传家宝”“金名片”。新时代“枫桥经验”是在以习近平同志为核心的党中央坚强领导下，

在习近平新时代中国特色社会主义思想指引下，由浙江省各级干部群众创造、发展起来的化解矛盾、促进和谐、引领风尚、维护安全、保持稳定的一套行之有效，具有典型意义和示范作用的基层社会治理机制和方法，具有十分丰富的内涵。一是党建统领是根本保证。中国特色社会主义最本质的特征是中国共产党的领导，最大的优势是中国共产党的领导。新时代“枫桥经验”强调党在社会治理中的统一领导作用，将党的领导贯穿于基层社会治理的各个方面、各个环节，发挥基层党组织的核心堡垒作用和党员的先锋作用，通过政治引领、思想引领、组织领导，组织群众、引导群众、凝聚群众、服务群众，实现党委领导下的政府治理和社会自我调节、居民自治良性互动。二是人民主体是价值核心。为了群众、依靠群众，是新时代“枫桥经验”的价值本质，也是“枫桥经验”50多年来历久弥新的关键所在。必须坚持人民主体地位，坚持以人民为中心，坚持立党为公、执政为民，践行全心全意为人民服务的根本宗旨，把党的群众路线贯穿到治国理政的全部活动之中，把人民对美好生活的向往作为奋斗目标，依靠人民创造历史伟业。三是“三治”结合是基本要义。新时代“枫桥经验”在基层治理中，坚持自治为基、法治为本、德治为先，注重综合运用自治、法治、德治三种方式，形成系统化、协同化和一体化的体制机制，通过自上而下的政府引导和自下而上的社会参与，着力实现基层善治。四是共建共治共享是基本格局。新时代“枫桥经验”坚持共建是基础、共治是关键、共享是目标，在党和政府服务引导的基础上，最大限度地整合各类社会资源，充分发挥社会组织的积极作用，广泛组织动员群众共同参与社会建设、共同参与治理活动、共同分享治理成果。五是平安和谐是目标追求。平安是新时代“枫桥经验”贯穿始终的目标，和谐是新时代“枫桥经验”平安目标的升华。平安是和谐的基础条件，和谐是平安的更高形态。新时代“枫桥经验”通过党建统领、人民主体、“三治融合”、共建共治共享，形成良好的基础社会秩序和发展环境。

（二）坚持用新时代“枫桥经验”指导公安工作

“枫桥经验”是我国政法公安机关战线的一面旗帜，是社会治安综合治理的典范。“枫桥经验”产生在诸暨枫桥，源于公安工作。浙江公安机关要认真贯彻习近平总书记的重要指示精神，以坚持发展新时代“枫桥经验”为己任，积极适应新形势新任务提出的新挑战新要求，在坚持中不断创新，在创新中不断发展，始终保持“枫桥经验”与时代同步、与未来同行。公安机关坚持发展新时代“枫桥经验”，第一位的任务是坚持把党的政治建设摆在首位，有针对性地加强对广大公安民警的政治教育、忠诚教育、形势教育，始终坚持党对公安工作的绝对领导、全面领导，牢固树立“四个意识”、坚定“四个自信”，自觉践行“对党忠诚、服务人民、执法公正、纪律严明”的总要求，坚决维护习近平总书记的核心地位，坚决维护党中央权威和集中统一领导，切实增强忠诚核心、拥戴核心、维护核心、捍卫核心的高度自觉，切实做到带头维护以习近平总书记为核心的党中央权威和集中统一领导，在深入学习贯彻习近平新时代中国特色社会主义思想上作表率，在始终同党中央保持高度一致上作表率，在坚决贯彻党中央各项决策部署上作表率，着力建设新时代绝对忠诚于以习近平同志为核心的党中央、令党和人民满意的模范机关。公安机关坚持发展新时代“枫桥经验”，要紧密结合公安机关职责任务，找准切入口和着力点，坚持专门工作与群众路线相结合，加强公安基层基础建设，创新基层现代警务模式。枫桥警务模式，以忠诚、专注、贴心的服务理念，实现多元化化解矛盾、全时空守护平安、零距离服务群众，是公安机关坚持发展新时代“枫桥经验”的重大创新，对全国基层公安机关具有重要示范意义，要认真总结推广。

（三）创新发展新时代“枫桥经验”的公安实践

新时代“枫桥经验”是一个以人民为中心的经验、是一个基层社会治理的经验、是一个维护社会和谐稳定的经验，其创新发展的历程，见证了习近平新时代中国特色社会主义思想在浙江的生动实践、真理力量，见证了浙江法治建设、平安建设的巨大进步，见证了浙江创新社会治理的有益探索。全省公安机关要切实提高站位、拉升标杆，深刻认识坚持发展新时代“枫桥经验”是深入学习贯彻习近平新时代中国特色社会主义思想的重要举措，是“八八战略”再深化、改革开放再出发、落实省委“两个高水平”建设的题中之义，也是浙江公安创新发展的历史性机遇。浙江公安机关既是推进建设“平安浙江”的践行者和排头兵，也是创新发展“枫桥经验”的践行者和排头兵。近年来，特别是党的十八大以来，浙江省公安机关坚持总结“枫桥经验”的实践成果和创新做法，打造了一批可看可学、可复制可推广的新时代“枫桥经验”的浙江公安工作品牌。坚持民意导向警务，问政于民、问需于民、问计于民，组织开展“大走访”“开门评警”“三访三评”等活动，创新推出“警民恳谈”“警务广场”等载体。坚持源头治理、化解矛盾，建立多元矛盾纠纷化解体系，涌现出杭州网上“枫桥经验”、诸暨枫桥“老杨调解工作室”、宁波鄞州“老潘工作室”、湖州长兴“和文化”大调解平台等诸多富有特色的公安调解品牌。坚持组织开展平安创建活动，建立专兼巡防队伍和平安志愿者队伍，涌现出一批有影响力的平安志愿者品牌。还探索实践了一大批体现新时代“枫桥经验”基本精神的公安品牌，如湖州的“家园卫士”、金华的“无案村”创建、丽水的山区“枫桥经验”、丽水青田的海外“枫桥经验”、舟山等地的海上“枫桥经验”等。主动服务民生，让警务工作更加高效便民，始终坚持“党政有呼、公安有应”，积极融入经济社会发展大局，全面推进“最多跑一次”改革。

“枫桥经验”与新时代城市社会治理

殷建国[*] 缪金祥[**]

摘 要：“枫桥经验”的内涵价值历久弥新，对推进新时代城市社会治理具有重要的现实指导意义。“枫桥经验”适用于城市社会治理，既有理论依据又有实践价值和现实基础。在新时代城市社会治理中坚持发展“枫桥经验”，要以人民群众的需要为基础，重塑城市社会治理理念；以法治为导向，注重发挥法治在城市社会治理中的引领作用；坚持科技引领，着力提升社会治理智慧指数；做强网格警务，主动融入基层社会治理体系；注重多方用力，积极构建矛盾多元化解格局；深化群众路线，做优做实服务群众“最后一米”。

关键词：“枫桥经验” 基层社会治理 城市社会治理

随着中国特色社会主义进入新时代，我国社会主要矛盾发生转变，在利益调整、体制转型的大环境下，社会稳定随之进入高风险期，各类社会矛盾纠纷集中爆发，不稳定因素愈加错综复杂，社会治理压力日益增大，公安工作面临的挑战十分艰巨。时值毛泽东同志批示学习推广“枫桥经验”55周年、习近平总书记指示坚持发展“枫桥经验”15周年之际，中央政治局委员、中央政法委书记郭声琨强调坚持发展新时代“枫桥经验”，推进市域社会治理现代化，揭示了“枫桥经验”在推进城市治理体系和治理能力现代化中展现出强大的生命活力。

一、“枫桥经验”在城市社会治理中的价值意义

“枫桥经验”是经过长期实践检验的乡村治理成功经验，但这种乡村治理经验能否用于城市社会治理，人们仍然看法不一。在考察中国城市基层社会的特点后，就会发现这种怀疑是多虑的。不管从理论还是实践的视角看，将“枫桥经验”用于城市的基层社会治理，并在实践中创新和发展“枫桥经验”，不但具有可行性而且具有必要性。

---

* 殷建国，公安部现代警务改革研究所执行所长、江苏省公共安全研究院执行院长。

** 缪金祥，公安部现代警务改革研究所学术交流部主任、教授。

（一）“枫桥经验”适用于城市社会治理的理论依据

从近年来被世界各个国家城市基层社会治理所广泛运用的“问题—解决”理论以及“整体性治理”理论中，可以看到“枫桥经验”的价值内涵。“问题—解决”理论提出在解决城市复杂多元的社会问题上，不能仅针对问题的表面现象，而要考虑如何从源头上根除造成犯罪和各种纠纷的原因。同时，在解决问题的方法上，要打破各部门之间的职能壁垒，强调各机构的合作沟通，调动一切可以调动的社会力量形成合力解决问题。“整体性治理”理论则提出，城市社会治理应回应社会公众的整体诉求，强调在社会治理中的公民参与、民主治理，其所构建的整体性治理网状结构，通过治理层级间、治理功能间、内外部组织间的有效整合，建立起新的城市社会治理机制。这些理论所提出的多元参与、从源头上根除犯罪和纠纷的思想，与“枫桥经验”的“发动和依靠群众，就地解决矛盾”有异曲同工之处，可见“枫桥经验”与现代治理理论是高度契合的，现代治理理论可以给“枫桥经验”适用于城市社会治理一个有力的注脚。

（二）“枫桥经验”适用于城市社会治理的实践价值

近年来中国各个城市在学习借鉴 “枫桥经验”中所取得的成效证明，“枫桥经验”在城市基层社会治理中具有高度的适应性。例如，北京市清河街道通过“社会再组织实验”和“社区提升实验”，扩大社区居委会的自治功能，建立居民议事协商机制，提升了城市社区治理能力。福建省厦门市鹭江街道通过建立“巷长”制，成立居民自治小组，由居住在片区的新老厦门人担任组长和巷长共同化解街巷矛盾，促进了邻里交流，改善了邻里关系，使居住环境得以提升。江苏省各地坚持在传承中深化、在创新中发展“枫桥经验”。其中，南通市结合区域性、阶段性社会矛盾的结构特点，率先尝试建立了“大调解”机制；南京市江宁区形成了治理单元、运行机制、服务阵地、保障措施“四位一体”，专业化队伍、信息化手段“两翼驱动”的全要素网格化社会治理的新实践；苏州市通过将“小事不出村、大事不出镇、矛盾不上交”的“枫桥经验”持续深化，推动了“12345+网格化+信访+人民调解+司法调解+行政调解”的深度融合。

（三）“枫桥经验”适用于城市社会治理的现实基础

改革开放以来，中国的城镇化进程不断向前推进。经考察发现，城市在人口结构、社会文化、生活方式等方面与乡村社会并无本质区别。中国目前的城市化尚在构建的进程中，城市文化并未有效构建，城市社会所要求的规则意识也未能普遍建立。换言之，在中国城市社会中，许多农业转移人口虽然有了市民的身份，但却没有融入城市，以城市的文化和交往方式生活，这决定了城市基层社会所面对的矛盾、冲突和纠纷不但有专属于城市的特性，而且还兼有乡村的性质。基于城市社会的这种特点，许多地方开始积极探索城市基层社会治理新方法。然而，由于受体制的影响，我国城市社会治理仍然沿袭原有的以“政府管制”为主的体制，而未能构建完善的、成熟的城市社会治理体系和机制，导致城市基层社会治理呈现“碎片化”。突出表现在，治理主体之间彼此独立，治理机制未能实现有效衔接，城市社会问题与传统治理模式存在着矛盾和冲突，没有为公众提供表达诉求的渠道，没有赋予不同背景的人在平台上平等对话的权利和机会，从而造成客观事实的不平等，累积了大量社会矛盾。因此，从“枫桥经验”这样的本土社会治理文化资源中汲取养料，在实践中探寻、创新中国城市社会治理的路径和方法，无疑具有重要的现实基础。

二、在新时代城市社会治理中坚持发展“枫桥经验”

在构建现代城市治理体系的过程中，必须坚持创新和发展“枫桥经验”，努力形成多元参与的城市社会治理体系。

（一）以人民群众的需要为基础，重塑城市社会治理理念

不断满足人民日益增长的美好生活需要是“枫桥经验”的根本出发点和落脚点。在新时代城市社会治理中，我们需要改变旧的把人民群众作为治理对象的管理理念，重新确立以人民群众的需要为基础的社会治理新思维。在确定治理结构、组织再造、管理方式、过程评价等与社会治理相关的各个方面时，都要以服务好人民群众，实现社会和谐、公平正义为导向，把人民群众是不是满意作为社会治理效果评价的根本标准。在治理方式的选择上，应坚持以服务为中心。社会治理的深层次问题不是如何解决矛盾和纠纷，而在于如何构建一个和谐、美好的生活环境。城市社会治理应该把改善城市居民的入学、住房、交通等民生问题作为工作重点，着力解决老百姓的实际困难和关心的问题。老百姓的困难解决了，社会贫富差距缩小了，社会公平和正义增加了，社会治理的问题自然也就迎刃而解了。在治理的手段和方法上，要依靠人民群众，相信人民群众，充分发挥人民群众在社会治理中的主体作用。要广泛吸纳社会各个阶层的成员参与城市社会治理工作，倾听人民群众的呼声，共商社会治理的方法，共同评价社会治理的绩效，打造共建共治共享的社会治理格局。

（二）以法治为导向，注重发挥法治在城市社会治理中的引领作用

传统的“枫桥经验”强调动员群众，发挥乡贤在道德、礼教等方面的劝导作用，倡导德礼化民、导民向善。在现代社会治理中，除了道德劝化外，更应该运用法治思维和法治方式化解社会矛盾。枫桥镇在创新发展“枫桥经验”过程中，善于运用法治思维和法治方式化解矛盾纠纷，建立健全矛盾化解甄别疏导机制，明确调解范围，规范调解程序，对调解结果进行法治评估；创建律师参与联调机制，选聘不同专长并熟悉本地风土人情的联调律师轮值参与调解，为群众提供法律咨询服务，把好调解法律关；推进调解协议司法确认，规范司法确认程序，引导鼓励当事人申请司法确认；开展全流程法律指导，创新推出诉前环节普遍指导、诉时环节跟踪指导、诉中环节个别指导、诉后环节案例指导的“四环”指导法，诉前调解与非诉讼调解的无缝衔接。法治是国家治理现代化

的核心，也是新时代城市社会实现诉讼调解、治理的必由之路。在治理原则上，要强调通过法治思维和法治方法依法治理，注重法治之治、规则之治，在全社会形成“守法、尊法”的习惯和风气。在治理途径上，要把法治的处理途径作为矛盾纠纷处理的优选方案，以法律和规则引导社会行为，规范社会秩序。在纠纷调处的方法上，要将乡村社会讲求“情、理、法”的顺序倒过来，变为“法、理、情”，以法律作为纠纷调处的原则和基本依据。

（三）坚持科技引领，着力提升社会治理智慧指数

大力实施公安大数据战略，全面加强公安工作智能化建设，构建完善立体化现代化社会治安防控体系，是现代化城市社会治理的基础，也是破解城市公共安全和管理难题的有效途径。一是建设全息感知体系。大力推广物联网、人脸识别等智能感知技术，建成公安大数据中心、物联网数据中心，扎实推进“雪亮工程”建设。二是推进数据融合共享。智慧警务数据中心应深化数据治理和输出能力建设，与城市综合管理平台、政务服务平台等互联互通，整合涵盖商业、卫生、教育、房产、寄递等领域的基础信息，对重要社会数据以及卡口、监控等感知类数据进行上云迁移。三是提升实战应用水平。建成大数据实战应用平台，实现极致搜索、智能对比、可视化指挥调度、智能化警情研判、图形化分析等模块功能。以“升级版技防城”建设为抓手，筑牢立体防控“空中防线”。以维护网上安全为目标，突出网站、网民、网络社交工具等要素管控，完善动态化网上巡控机制；紧扣大数据、云计算、物联网、智能识别等前沿技术发展，加大对声纹识别、技术解析、人工智能等先进技术的研发引进力度，着力夯实智能防控科技支撑，推动警务实战更加现代化、智能化、集约化。四是加强数据安全管理。大数据应用不可避免地伴生着数据安全和隐私保护等方面的隐忧，公安数据更为敏感，更要防止被滥用。要不断健全数据安全防范体系，落实各类数据保护措施，严密把控数据共享的潜在风险，实现数据安全可控。通过智慧警务建设，使我们发现问题的能力越来越强，系统自动研判、决策的能力越来越强，需要现场快速处置的问题也就随之增多，要加快实施处置流程再造，形成与智慧警务相适应的新的业务流程和工作标准，并逐步完善固化。

（四）做强网格警务，主动融入基层社会治理体系

枫桥镇的“网格化”管理，调动了公众参与治理的热情，畅通了信息传递、共享的渠道，这种精细化管理取得了良好的实际效果。江苏省委政法委按照“把网格打造成基层社会治理的第一道屏障和江苏社会治理工作的一个名片”的目标定位，注重将“枫桥经验”贯彻到基层社会治理的方方面面，形成具有江苏特点的“全省域覆盖、全要素集成、智能化应用、高效化联动”的基层社会治理体系，构建“一网（多元融合共治网）、一台（大数据智能平台）、一终端（全要素网格采集终端）、一中心（网格化服务管理中心）”的江苏模式。公安机关要紧抓机遇、乘势而为，做强网格警务，主动融入基层社会治理体系，推动公安工作关口前移、下沉网格、共建共治，打牢社会治理根基。一

是提升基层警务治理质态。强化治安卡口、电子卡口、信息卡口三大卡口建设，密织街面巡逻防控网、城乡社区和村居防控网、单位和行业场所防控网、区域治安联防协作网、安全技术防控网、“虚拟社会”防控网，将信息采集、人口管理、矛盾化解、治安防范、服务群众等公安基础工作对接社区网格，将人、房、物、事、单位等治安要素全部纳入网格管理范畴，形成网格警务新模式，推动社区综治中心成为“便民服务中心、监督投诉中心、矛盾调处中心、社区警务中心”。推动实现“小事一网解决、大事全网联动”，积极促成“公安工作融入网格、网格治理反哺实战”。二是构建平安共建共治共享新格局。公安机关要加强与相关职能部门和街镇网格中心的协调联动，发挥各自优势，联手破解城市治理难题。充分调动网格力量资源，积极构建新形势下群防群治新格局。将社区民警、专职社区保安、户口协管员全部纳入基层社区网格层级管理，与社区网格长、网格员、网格志愿者等网格力量全面整合，实现对综合网格、专属网格的“全覆盖”，有效破解以往社区民警单打独斗、社区工作相互割裂等问题，打造全要素网格化管理队伍。三是开展“社区智库”建设。把社区各行各业有经验、有威望、有才能、有特长的“民间高手”组织起来，作为社区网格力量的有效补充和群防群治的骨干力量，充分发挥他们在纠纷调处、人头管控、治安防范、线索排摸等方面的专长优势，带领社区群众共同营造“共居一地、共保平安”的良好氛围。

（五）注重多方用力，积极构建矛盾多元化解格局

新时代“枫桥人”已经逐步完成了从“社会管理”向“社会治理”的转变：从“凭人治理”走向“依法治理”、从“单一治理”走向“综合治理”、从“末梢治理”走向“源头治理”。在推进城市基层社会治理中，公安机关要针对基层矛盾纠纷类警情占比高、纠纷调处牵扯民警大量精力、调处效果不佳等实际情况，着力构建矛盾纠纷多元化解格局，努力实现矛盾纠纷“抓早抓小、源头化解、综合施策”的治理效果。一是立足“公调对接”，推动纠纷调处网格化、规范化。将矛盾纠纷警情处置与人民调解工作深度结合，不断深化“公调对接”机制。在公安派出所建立“派驻式”人民调解室，配备专职调解员，实行统一培训、挂牌上岗，有效缓解基层处警压力，提升纠纷处置效率。二是实行“多调对接”，推动纠纷调处联动化、专业化。推行公安派出所、人民法庭“庭所对接”机制，对专业性强、处置难度大、易激化矛盾的复杂纠纷，由司法部门提前介入、联动调处，提高处置效率；在交警大队设立“巡回法庭”和“保险理赔服务工作室”，实现交通事故纠纷调解、保险理赔无缝对接，通过加强对接、提前介入，有效解决群众实际困难、后顾之忧；在三甲医院建立医患矛盾调处中心及标准化医院警务室，形成以“专职人员、专门机构、专业方法”调处医患纠纷的良性格局。三是坚持“因地施策”，推动纠纷调处多样化、社会化。鼓励各地积极发动群众性调解力量，因地制宜创新纠纷调处机制、方法、手段。积极吸纳人大代表、离退休司法干部等参与纠纷调解工作，建立健全懂法律政策、知民情民意、覆盖各行各业的兼职调解员队伍，切实提升纠纷调处

效率和执法公信力。四是整合各方力量，解决复杂疑难矛盾纠纷。常州市溧阳市戴埠镇的"百姓议事堂"和南京市六合区的村民理事会，成为解决信访疑难杂症的重要平台。徐州电视台的《彭城和事佬》栏目和淮安市的"老兵调解员"，在宣传法律政策、化解矛盾纠纷方面发挥了独特作用。苏州市的"和阿姨""老娘舅"调解室、金牌调解员工作室等调解平台，如雨后春笋般在江苏省各地涌现，筑牢了基层人民调解的防线，基本实现"矛盾不上交"的目标。

（六）深化群众路线，做优做实服务群众"最后一米"

随着社会的发展和人民生活水平的提高，社区居民日益增长的公共服务需求与公共服务总体供给不足且提供的公共产品质量低下的矛盾逐渐成为基层社会治理的关键问题。公安机关应坚持把人民群众的新期盼、新需求作为警务工作的着力点，做精做优社区警务，持之以恒优化服务。一是延伸服务群众的触角。以社区警务室为阵地，前移警务职能，充实一线警力，丰富便民举措，推动实现社区群众网格服务一体化。授予社区民警更多公共服务权限，稳妥有序地将信息采录、证照办理、验证审批等派出所工作职能向警务室延伸，积极推行中介服务、公共事项代办等便民举措，让群众在家门口就能享受便捷服务。二是丰富服务群众的举措。持续推出惠民新政，全力做实服务举措，积极推行"互联网＋公安政务服务""微警务"，采取自助服务、预约服务、错时服务、延时服务、上门服务等方式，真正做到服务"零距离"、办事更便捷。三是提升服务群众的质态。制定完善公安机关行政权力清单和办事指南，公开办事信息，实现网上咨询、预约受理和办理反馈。全面公开公安执法事项，挂牌运行公安民意访评中心，巩固完善"全访评"民意监测机制，提高执法透明度和群众满意度。

新时代“枫桥经验”　重庆市的实践与思考

陆跃伟 *

摘　要：“枫桥经验”是以人民为中心发展思想的生动体现，是党治国理政的基本经验。新时代赋予“枫桥经验”新内涵。新时代“枫桥经验”在重庆市的具体实践表明，加强和创新社会治理，就要坚持以习近平新时代中国特色社会主义思想为指导，深入贯彻党的十九大精神和习近平总书记指示精神，坚持以党建为统领，以善治为目标，不断提升社会治理社会化、法治化、智能化、专业化水平，促进自治、法治、德治相结合，形成共建共治共享的现代基层社会治理新格局。

关键词：“枫桥经验”　以人民为中心　重庆实践

“枫桥经验”起源于浙江枫桥，经过55年的不断发展创新，现已成为全国社会治安治理经验、预防犯罪经验、纠纷调解经验、综合治理经验和社会治理创新经验。新时代“枫桥经验”是实践党的以人民为中心发展思想的生动体现，是政法综治战线的一面旗帜，也是基层社会治理和全面小康社会建设的典范。重庆市积极借鉴新时代“枫桥经验”，结合实际工作，有力推进了基层社会治理创新。

一、新时代“枫桥经验”的实质内涵及特征

20世纪60时年代初，浙江省诸暨市枫桥区干部群众在社会主义教育运动中创造了“发动和依靠群众，坚持矛盾不上交，就地解决，实现捕人少、治安好”的“枫桥经验”。1963年11月，毛泽东同志亲自批示：“要各地仿效，经过试点，推广去做。”枫桥经验由此成为全国政法战线一个脍炙人口的典型。2003年，时任浙江省委书记的习近平同志在纪念毛泽东同志批示“枫桥经验”40周年大会上提出，要牢固树立“发展是硬道理，稳定是硬道理”政治意识，充分珍惜“枫桥经验”，大力推广“枫桥经验”，不断创新

* 陆跃伟，重庆市公安局警令部研究室主任科员、重庆市警察协会特邀研究员，目前借调在中共重庆市委政法委员会工作。

“枫桥经验”，切实维护社会稳定。2013 年 1 月，习近平总书记专门为纪念毛泽东同志批示“枫桥经验”50 周年大会作出重要指示，强调：各级党委和政府要充分认识“枫桥经验”的重大意义，发扬优良作风，适应时代要求，创新群众工作方法，善于运用法治思维和法治方式解决涉及群众切身利益的矛盾和问题，把“枫桥经验”坚持好、发展好，把党的群众路线坚持好、贯彻好。毛泽东思想催生了“枫桥经验”，习近平新时代中国特色社会主义思想孕育发展了新时代“枫桥经验”。55 年来，“枫桥经验”历久弥新，久盛不衰，在坚持中求发展、变化中求创新，历经从计划经济到社会主义市场经济两个历史时期，随着我国社会发展而不断完善、发展和创新，在实践和探索中不断赋予新的内涵和时代特征，具有持久的生命力。

（一）新时代“枫桥经验”的实质内涵

“枫桥经验”在不同时期不断更新其内涵、充实其内容，形成具有鲜明特征的“党政动手，依靠群众，预防纠纷，化解矛盾，维护稳定，促进发展”的枫桥新经验。“枫桥经验”的基本内涵和精神实质是：发挥政治优势，相信依靠群众，加强基层基础建设，就地解决问题，减少消极因素，实现和谐平安。党的十九大报告指出，经过长期努力，中国特色社会主义进入新时代。中国特色社会主义进入了新时代，这既是我国发展新的历史方位，也是我们党理论创新的重大成果。新时代“枫桥经验”是习近平新时代中国特色社会主义思想的重要组成部分，更是习近平新时代中国特色社会主义政法思想和治理思想的重要组成部分。新时代“枫桥经验”以坚持和发展中国特色社会主义为主题，坚持党的领导，坚持以人民为中心，创新群众工作方法，创新基层社会治理，赋予平安建设、法治建设的新内涵新价值新使命，实现由“小事不出村、大事不出镇、矛盾不上交”向“矛盾不上交、平安不出事、服务不缺位”的新跨越，呈现出百姓和顺、乡村和美、社会和谐的新景象，是基层社会治理和全面建设小康社会的典范，是我们党治国理政的基本经验。

（二）新时代“枫桥经验”的特征变化

55 年来，“枫桥经验”随着时代的发展而不断创新，始终保持着旺盛的生命力，其特征也在不断变化。“枫桥经验”是一个动态发展的经验，其内涵随不同时期的发展主题不断得到丰富和发展，体现出鲜明的时代特征。当前，中国特色社会主义进入新时代，“枫桥经验”特征正在发生变化：基本理念正在从以维护社会稳定为重点向以人民为中心转变；基本定位正在从基层预防化解矛盾向基层社会治理模式转变；基本路径正在从群防群治向构建自治、法治、德治相融合的基层社会治理机制转变；基本手段正在从以人防、物防、技防为主的“三防”到建立健全人防、物防、技防、心防“四防并举”的社会风险防范体系转变；基本方式正在从传统方式向传统方式加智慧治理转变；基本目标正在跳出“小治安”，向建设“大平安”转变。新时代“枫桥经验”的特征变化，也为公安工作和队伍建设提供了遵循。

二、新时代“枫桥经验”重庆市的具体实践

“枫桥经验”是社会治安综合治理的典型，是维护社会安全、稳定、和谐的“维稳器”，是创新社会管理的新模式。近年来，重庆市坚持以习近平新时代中国特色社会主义思想为指引，学习借鉴新时代“枫桥经验”，把加强和创新社会治理摆在全市工作大局中来谋划、融入经济社会发展全局来推进，深化社会治理体制改革，创新社会治理理念思路、体制机制、方法手段，切实筑牢了平安稳定的根基，社会治理水平进一步提升。

（一）以加强基层党组织建设推进社会治理

“枫桥经验”的发源地是浙江省诸暨市枫桥镇，党组织在社会治理中充分发挥领导核心作用，党员干部甘当社情民意知情人、社区治安责任人、化解矛盾有心人、分忧解难贴心人，党组织在群众中有威望、党员干部在群众中有威信。重庆市把党的建设贯穿于社会治理的各方面、全过程，善于把党的领导优势转化为社会治理优势。黔江区城南街道山台山小区是一个新建的房地产开发小区，由于人员结构复杂、管理秩序混乱、矛盾纠纷多发，一度成为影响黔江区社会稳定的“火药桶”。为彻底改变这种局面，该区经过认真研究，于 2017 年 3 月成立山台山社区，选好配强社区党委班子，坚持社区党委统揽小区治理全局，社区党委成员结对社区党员、社区党员结对业主，社区党委成员和党员带头开展入户大走访、大宣传活动，积极收集社区居民意见建议，做到事事有回应、件件抓落实，并及时公布办理结果。通过一年的努力，该社区面貌发生根本性变化，实现了由乱到治、秩序井然，群众安全感和满意度大幅提升。江北区在推进社会治理中充分发挥党建引领作用，该区铁山坪街道建立社区大党委，本着资源共享、互利互惠、双向共赢的原则，深化完善城市区域化联建共建机制，推动工作力量向社区下沉、职权资源向社会下放、在职党员向社区报到，使基层力量增强、活力增大、服务增效。

（二）以社会各方联动共治推进社会治理

各区县创新社会治理理念思路、体制机制、方法手段，形成联动融合、集约高效的工作格局，有效解决部门“单打独斗”、信息沟通不畅、工作合力不足的问题。南岸区积极探索解决群众诉求“三事分流”工作方法，将社区事务依据公共属性大小分流成“大事、小事、私事”，“大事”即政府管理事项及公共事务，由政府部门负责解决；“小事”即社区公共事项及公益服务，由社区“两委”牵头，社区自治组织、社会组织和社区单位共同协商解决；“私事”即社区居民个人事务及市场服务，由群众自行解决或寻求市场服务，做到 “大事”快办、“小事”共办、“私事”自办，建立责任共担、协同共治、有序参与的多元化权责格局，厘清了政府、社区和群众在创新基层社会治理中的角色定位，达到了“诉求有门、协商有道、解难有方”的效果。合川区积极推行“综治中心 + 网格化 + 信息化”模式，建立各级各部门纵向贯通的信息流转机制、横向集成

的联动协作机制，大力推进区、镇街、村（社区）三级综治中心建设，有效整合政法、综治、信访、交委、安监等部门力量，实现了资源整合、信息互通、处置快捷、维护稳定的功能，提高了预测预警预防能力。永川区针对建筑行业中合同造价、民工工资、施工质量等矛盾多、化解难的情况，综治、司法、城乡建委等部门联动协调，于2015年7月成立建筑行业人民调解委员会，区城乡建委严格履行职责，建立起“局党组—机关科室—调委会—建馨调解室”四级责任机制，自调委会成立以来，共调处建筑行业矛盾纠纷153件，确保了小事不出工地、大事不出建委，及时把各类风险隐患化解在源头、解决在萌芽状态。

（三）以法治建设推进社会治理

法律是治国之重器，法治是国家治理体系和治理能力现代化的重要标志。随着全面依法治国、全面依法治市的深入推进，重庆市领导干部运用法治思维和法治方式处理问题的能力明显提升，群众办事依法、遇事找法、解决问题用法、化解矛盾靠法的思维逐渐形成。南川区探索建立社区“法律诊所”，选派律师、法律工作者定期“坐堂接诊”，让群众在家门口接受专业法律服务，引导和帮助群众以法律手段解决利益诉求问题，目前已建成“法律诊所”23家，实现了城市社区和中心镇重点村（社区）全覆盖。铜梁区针对一段时期十分突出的“医闹”问题，既抓末端处置，又抓前端治理，成立医疗纠纷人民调解工作领导小组和调解中心，在全区医疗机构中设立医疗纠纷投诉处理机构，近3年医疗纠纷案件数持续下降，没有发生一起“医闹”事件。璧山区推行“一村（社区）一法律顾问”，选派102名律师及法律工作者到村（社区）担任法律顾问，每月至少到村（社区）服务1天，提供法治宣传、指导村（居）民自治、调解矛盾纠纷等法律服务。巫山县坚持法治思维、运用法治方式、严格法律准绳，依法依规妥善处置了部分群众违规侵占移民统建房这一“老大难”问题，对经法律程序后还拒不退还的个别人员，依法采取强制措施，切实维护了正常的移民安置秩序，受到中央政法委充分肯定。

（四）以道德滋养推进社会治理

重庆市各区县充分挖掘具有本地特色的传统文化，注重发挥道德的教化作用，把社会所提倡的道德理念和法治观念与人们的日常生活紧密联系起来，引导群众崇德向善、遵法守法，取得良好成效。巴南区结合实际创新开展“德法相伴”主题活动，将法治元素融入日常生活，用道德力量感召法治精神，在弘扬崇德尚法正能量、力促德治与法治融合、创新基层社会治理上做出了积极有益的探索。永川区在社会治理中探索建立具有地方特色的法治、德治、自治相结合的乡村治理体系，培育1009名遵纪守法、品德良好、为人正派、处事公正、群众公认的“乡贤”，创建了108个“乡贤评理堂”，成为群众“讲理、学理、评理”的地方，搭建起了调解矛盾纠纷、传播文明乡风、参与乡村治理的平台。近日，该区举行乡贤评理堂建设现场推进会，力争把乡贤评理堂打造成促进乡村善治、助推乡村振兴的特色品牌。该区卫星湖街道石龟寺村74岁的乡贤吕祥杰，在当地德高望重，退休10多年来自发宣传政策法律、调解矛盾纠纷，善于运用家风家训倡导移风易俗，成为群众心中“评理公正的乡贤调解员”。临江镇隆顺村的乡贤陈久述每调解一起纠纷就写一首“打油诗”，用通俗易懂的语言感化乡邻，被群众称为“医治心灵的医生”。丰都县打造“尚善丰都，唯善呈和”的文化品牌，通过在城镇社区和农村集镇建设“善文化”主题公园，让群众在休闲娱乐中接受“善文化”熏陶。

（五）以发动群众参与助推社会治理

重庆市广泛调动群众的积极性，有效促进民事民议、民事民办、民事民管。渝中区紧扣城市群众工作特点，积极开展领导干部“社区工作日”活动，各级干部走出“空调房”，走到“太阳坝”，面对面听民声、纳民意、解民难、化民怨，既解决了党群干群之间“距离感”的问题，又调动了广大群众参与社会公共事务的积极性。江北区的马善祥同志扎根基层综治维稳战线30多年，认真钻研社会治安管理工作和群众工作，形成“民为本、义致和”六字理念、“情理法事”矛盾化解十三要则、六十六策的“老马工作法”，并结合新时代社会治理要求，不断丰富内涵、充实内容，总结提炼出“社会治理首先要做好服务”“服务要让群众感到幸福和快乐”“群众问题越突出，干部越要多付出”等新理念新方法。江北区以此为基础，搭建“学老马、育小马”平台，构建了区、街镇、社区（村）、社会单位化解社会矛盾、服务群众工作网络和机制，推动广大基层干部积极参与社会治理实践，此举措值得推广运用。梁平区积极推行“爱心综治”模式，向群众、志愿者发放“爱心积分卡”，持卡人每次参加公益活动都可记入一定分值，达到相应积分可到“爱心超市”兑换物品，年底根据积分多少评选“爱心状元”，通过这一举措，引领群众积极参与社会治理。

（六）以智能化应用助推社会治理

智能化、信息化是提升社会治理水平的重要手段。重庆市有的区县在社会治理中高度重视智能化建设，取得了较好成效。巴南区大力推进“1+5科技护城墙”建设，对进出小区的人员、车辆进行智能识别，并建设移动、联通、电信三网融合的联网报警及社会视频共享接入平台，切实守住小区门、单元门、入户门，实现户籍人口、流动暂住人口百分百登记入册，达到发案少、秩序好、防范严密、群众满意的效果，有效提高了群众安全感。合川区通过社会治理信息系统，自动对全区安全稳定形势进行预判，并对高发案件、突出矛盾的种类、区域、时段进行预警，提出应对解决措施，已提前预测预警重大安全稳定风险10余次。垫江县针对广大农村地区存在的老幼妇孺居民多、居住较为分散、自我保护能力较弱等问题，充分利用移动通信技术，将就近的村民、村干部、辖区民警以10户左右编组，凡是遇到盗窃、火灾等紧急情况，用户可以直接拨打“6995”（谐音“来救救我”），群组内其他成员自动接收信息，立即前往救援。目前，全县301个村（社区）已建立“6995”平安互助信息联防平台，有效解决了农村地区治安防控较为薄弱的难题。

三、新时代“枫桥经验”在重庆市具体实践的启示

党的十九大报告明确要求“加强农村基层基础工作，健全自治、法治、德治相结合的乡村治理体系”，提出“打造共建共治共享的社会治理格局”的战略目标。认真研究新时代“枫桥经验”在重庆市的具体实践，加强和创新社会治理，就要坚持以习近平新时代中国特色社会主义思想为指导，深入贯彻党的十九大精神和习近平总书记指示精神，坚持以党建为统领，以善治为目标，不断提升社会治理社会化、法治化、智能化、专业化水平，促进自治、法治、德治相结合，形成共建共治共享的现代基层社会治理新格局。

（一）坚强有力的党组织是社会治理的关键

加强和创新社会治理，必须加强党的领导，把党的建设贯穿于社会治理的各方面、全过程，善于把党的领导优势转化为社会治理优势。“枫桥经验”和黔江区等地的做法启示我们，越是社会治理任务繁重、情况复杂的地方，越要加强基层党组织建设，发挥好基层党组织的统领作用，进一步固本强基。

（二）社会各方联动共治是社会治理的发展方向

社会治理涵盖方方面面，必须发挥社会治理的体制机制优势，充分调动各方资源力量，形成联动共治，增强工作合力。南岸区“三事分流”、合川区“综治中心+网格化+信息化”模式、永川区强化行业主管部门属事责任等做法，对加强和创新基层社会治理具有借鉴意义。

（三）法治建设是社会治理的最有效手段

法律是治国理政最大最重要的规矩，法治是推进社会治理的最有效手段。要把法治贯穿基层社会治理始终，善于运用法治思维和法治方式化解矛盾、破解难题、促进和谐。南川、璧山、巫山等区县结合实际，在法治框架内解决问题，既维护了法律尊严，又保障了群众的合法权益。

（四）道德滋养是社会治理的强大引领

法安天下，德润人心。在社会治理中，既要发挥道德的教化作用，又要把道德的要求贯彻到法治建设中，实现法律和道德相辅相成、法治和德治相得益彰。永川区“乡贤评理堂”等做法坚持德法相伴，大力营造崇德向善的社会风尚，是落实习近平总书记“既讲法治又讲德治”重要指示精神的具体实践。

（五）群众参与是社会治理的力量源泉

推进社会治理，要坚持以人民为中心的发展思想，深入践行党的群众路线，充分发动群众、真诚依靠群众，社会治理人人有责、人人尽责，构建共建共治共享的社会治理格局。渝中区“社区工作日”制度、江北区“老马工作法”是新时代群众工作的有效探索，是发动群众参与社会治理的生动实践。

（六）智能化应用是社会治理的重要支撑

现代科技应用是提升社会治理水平的强大引擎，要大力加强信息化、智能化建设，确保信息动态感知、数据精准分析、业务智能辅助、网络安全可控，切实提高预测预警预防能力。巴南区、垫江县等地的做法充分运用了现代科学技术手段，有效促进了防控工作精准化、智能化，应大力推广应用。

特大城市智慧公安建设的实践与研究

赵　越*

摘　要：智慧公安是智慧城市、智慧政府的重要组成部分，是在公安信息化建设的基础上引入人工智能技术，建设“会学习、能思考、懂指挥”的公安大脑，推动公共安全管理和公安政务服务水平实现质的飞跃。上海智慧公安建设坚持“三个有利于”（有利于党和国家、有利于人民群众、有利于广大民警）的标准，按照“三统三分”（统一领导、统一规划、统一标准，分头建设、分层管理、分类应用）的基本原则和“六个以”（以实战需求为导向、以顶层设计为指引、以大数据应用为核心、以集成创新为动力、以人才集聚为根本、以安全廉洁为底线）的指导思想，全面推进公安工作的信息化、智能化、现代化。其成功经验说明：公安大脑是确保应用“智慧”的“神经中枢”，全量汇聚是实现智能应用的“生命线”，实时感知是支撑一线实战的“指南针”，机制创新是促进可持续发展的“压舱石”。深入推进智慧公安建设，需要理念引领行动，做好规划设计，按照全面覆盖的目标推进数据的采集、汇聚、管理和应用，并在人才、经费、政策、机制等方面提供保障。

关键词：智慧公安建设　公安大脑　上海

近年来，以大数据、物联网、云计算、人工智能等技术为代表的新一轮科技革命持续演进，人工智能逐步渗透到社会生活的方方面面，智慧城市、智慧政府建设开始步入“人工智能时代”。智慧公安作为智慧城市、智慧政府的重要组成部分，正面临千载难逢的发展机遇。本文以上海智慧公安建设实践为例，探讨智慧公安的内涵、发展和建议。

一、智慧公安的内涵

关于智慧公安的定义，很多同行、学者都做过研究，但是仁者见仁、智者见智。一直从事智慧公安研究的吉林警察学院院长张兆端教授认为，智慧公安是以互联网、物联

* 赵越，高级工程师，上海市公安局某处团委书记，借调在上海市智慧公安建设领导小组办公室从事有关规划设计、组织推进等工作。

网、云计算、智能引擎、知识管理等为技术支撑，全面感测、分析、整合警务运行中的关键信息，对社会各方面、各层次的公共安全需求做出明确、快速、高效、灵活的智能响应，为警务工作提供更加高效的智能管理手段和更加广阔的便民服务空间。[1]西南政法大学法学研究所所长但彦铮曾提到，智慧公安可以这样定义，以物联网相关技术为依托，充分运用信息和通信技术手段感知、分析、整合警务运行核心系统的各项关键信息，从而对各项警务工作的各种需求做出智慧响应，为维护社会稳定和实现犯罪防控目标做出最大限度的支持。[2]美国警方在对智慧警务的研究中则更强调本地驱动，通过有效分析和利用数据，强化情报主导警务和预测性警务，着重减少犯罪和促进以证据为基础的警务模式改革，最终更好地服务于警方和社会大众。[3]

上海智慧公安建设实践为研究智慧公安内涵提供了更加丰富的佐证。上海智慧公安建设始终坚持以习近平新时代中国特色社会主义思想为引领，以国家治理体系和治理能力现代化为方向，主动融入全球卓越城市和智慧城市发展愿景之中，运用大数据、云计算、物联网、人工智能等新技术，着力打造感知泛在、研判多维、指挥扁平、处置高效的精准警务模式，推动警务活动科技含量提升与现代警务流程再造、管理手段升级三位一体迭代优化，力争为构筑上海发展的战略优势提供最安全、最有序、最干净的城市环境，为提升市民生活品质提供更充分、更均衡的公共安全产品。

在充分吸收借鉴同行、学者研究成果，汲取上海智慧公安建设实践经验的基础上，笔者认为，智慧公安是智慧城市、智慧政府的重要组成部分，是公安机关主动适应经济社会发展特别是科学技术发展的重大举措，在传统公安信息化建设与应用的基础上引入人工智能技术最新成果，以视频监控为主体拓展社会面智能安防感知网络，建设“会学习、能思考、懂指挥”的公安大脑，推出一批贴合公安实战需求的智能化应用，同时推进配套体制机制改革，推动公共安全管理和公安政务服务水平实现质的飞跃。

二、我国智慧公安建设的发展历程

毫无疑问，智慧公安的发展与科学技术的进步是紧密关联的，追溯其发展历程，大致可以归纳为以下三个阶段：

（一）孕育期（1990—2009 年）

随着技术的发展，20 世纪 90 年代，“向科技要警力”“向科技要破案率”在广大

1　张兆端：《“智慧警务”：大数据时代的警务模式》，载《公安研究》2014 年第 6 期，第 20 页。

2　谭家烜：《智慧警务：物联网时代下自组织化情报导向警务研究》，西南政法大学 2012 年硕士学位论文，第 45 页。

3　朱小波、王秋裕：《美国“智慧警务”概述及启示》，载《上海公安高等专科学校学报》2018 年第 1 期，第 11 页。

公安民警中逐步成为共识。1996 年，公安部正式提出“科技强警”战略，并在全国部署实施“金盾工程”，全面提升公安机关信息化建设与应用的整体水平，为促进公安信息化深度应用乃至后来的智慧公安建设奠定了坚实基础。这一时期，“智慧城市”的概念传入国内，国内多个城市开始重视信息化基础设施建设，进一步催化了智慧公安的发展。

（二）婴儿期（2010—2016 年）

随着智慧城市建设的持续深入以及大数据技术的普及，从 2010 年开始，部分城市公安机关开始探索智慧公安建设，探索大数据技术在治安防控、预警研判、合成作战、便民服务等方面的应用。[1]辽宁、广东等地公安机关先后提出智慧公安建设目标，但受制于技术、理念等因素，“智慧”程度相对有限。上海、山东等地公安机关虽未明确提出智慧公安，但大数据应用已成为公安信息化发展的主要方向，客观上为智慧公安的快速成长积蓄了足够的能量。

（三）成长期（2017 年始）

这一阶段，智能化已经成为全球科技发展的新方向。伴随着智能图像、智能语音、智能机器人等人工智能技术和产品的面世，一些城市公安机关开始探索真正“智慧”的智慧公安发展之路。2017 年，上海率先谋划并启动更高水平的智慧公安建设，强大的智能化应用在短时间内大幅提升了公共安全治理能力。随之，新一轮智慧公安建设正在全国范围内兴起。

三、上海智慧公安建设的生动实践

上海智慧公安建设是在城市要素高度聚集、社会矛盾纷繁复杂、安全保障相对脆弱、广大民警疲于应付的现实困境下作出的重大战略抉择。它坚持“三个有利于”（有利于党和国家、有利于人民群众、有利于广大民警）的标准，按照“三统三分”（统一领导、统一规划、统一标准，分头建设、分层管理、分类应用）的基本原则和“六个以”（以实战需求为导向、以顶层设计为指引、以大数据应用为核心、以集成创新为动力、以人才集聚为根本、以安全廉洁为底线）的指导思想，全面推进公安工作的信息化、智能化、现代化，力争为维护国家长治久安探索出一条新路。

（一）技术设计

上海智慧公安的技术实现路径是“一中心、一平台，多系统、多模型，泛感知、泛应用”，通过构筑一个“城市安全大脑”，承载智慧公安的所有内容。“一中心”即上

1　王懂懂、魏永忠：《大数据 3.0 时代：智慧警务建设的实践与思考》，载《广西警察学院学报》2018 年第 1 期，第 66 页。

海智慧公安数据中心（计算中心），通过全局数据资源汇聚、公共安全数据获取，运用实时计算、流计算、批量计算、图计算、GPU 计算等关键技术，提供具备强大运算能力、异构存储模式、快速响应能力和容灾备份机制的云基础环境。“一平台”即上海智慧公安综合服务平台，通过深度学习、知识图谱、可视化分析等关键技术，为各警种、各部门提供智能分析工具、公共基础组件等标准化支撑和智能化服务。“多系统”即开发、改造、完善一批适用不同类型警务活动的应用系统，逐步覆盖专业警种应用、基层一线应用、数据共享交换等各个领域。“多模型”即研发建立一批满足不同实战场景的数据分析模型，在每个公安业务领域都形成一定数量的模型库供全警调用。“泛感知”即运用人脸识别、生物特征识别、环境感应等先进技术，以及二维码、芯片卡等信息载体，构建对各城市要素的实时感知，使城市的视觉、听觉、嗅觉和触觉更加灵敏。“泛应用”即以大数据应用作为公安工作的基本工作方法，以智能应用作为全警全域全程应用的主要内容，实现数据资源的深度共享和融合应用。

（二）应用设计

上海智慧公安应用主要集中在精准警务、智慧安保、便民服务、智慧政工等领域。精准勤务模式，是指感知泛在、研判多维、指挥扁平、处置高效的模式。未来警务模式将包括感知、研判、指挥、处置四大环节。通过社会面智能安防体系感知风险，以技术方式研判城市安全隐患和行为异常，研判结果自动推送至最近的一线综合执法民警，提升城市公共安全治理的预测、预警、预防、预控能力。智慧安保模式，是指圈层防护、人物干净、宽松高效、有序安全的模式。依托市域卡口监测系统筑牢环沪安保圈，综合运用智慧公安建设成果，精准管控出入各个圈层的重点人员和危险物品，探索全覆盖、非接触、不停留、有尊严的人物一体化安检模式，最大限度地提供优质、宽松的安全体验。便民服务模式，是指一口受理、联动审批、快捷收付、一网通办的模式。统一线上线下公安政务服务受理窗口，依托警务微信整合各类在线便民服务，大力推进派出所“综合窗口”建设，由公安派出所统一受理群众需求、后台流转审批。同时，群众可以自主选择现金、微信、支付宝等付款方式，切实增强群众的获得感、满意度。智慧政工模式，是指人岗适配、网上培训、网上考核、严管厚爱的模式。把全体民警身份数字化，把全部警务工作标准化，根据每个人的特点、能力进行岗位适配，逐步将网上培训作为主流培训方式，逐步实现民警工作就是应用数据、采集数据、生成数据、汇聚数据。

（三）溢出效应

上海智慧公安的溢出效应体现在推进社会治理现代化、经济发展方式转型升级等方面，包括全民安防、协同治理、数字经济等。全民安防模式，即自防自救、互帮互救、公助公救、梯次递进的模式。对于设备自动感知的风险隐患，首先倡导当事人自助自救，其次动员距离最近的人开展互助互救，最后动用专业力量实行公助公救。协同治理模式，即职责明晰、分工负责、数据共享、联勤联动的模式。智慧公安建设主动融入智慧城市发展框架，探索打破部门间行政管理壁垒，将汇聚的各类风险隐患信息分类推送至相应政府部门和其他社会组织，实现各部门高效履职、通力协作，打造社会治理命运共同体。数字经济模式，即城市数字化、数据资源化、资源资产化、资产财富化的模式。带动城市要素数字化，引导全社会把数据当作阳光、空气、水、土地一样宝贵的资源。同时，通过市场主体开展资产运作（即数据规模应用），把资产变成财富，推动社会经济高质量发展。

（四）当前成效

上海智慧公安建设这一战略构想提出后，得到了各级党委、政府的高度肯定和大力支持。经过一年多的实践，上海智慧公安建设已取得阶段性成效。公安大脑初具雏形。先期搭建5000台服务器规模的智慧公安数据中心（计算中心），具备30PB数据存储和5PB数据实时计算能力。初步建成智慧公安综合服务平台，承载通用智能工具和实战应用系统，为城市安全治理提供全方位的信息服务。配套建立“多维采集、即时汇聚、规范清洗、分级存储、安全管理、全域应用”的数据治理体系，制定出台《公共安全数据管理规定》，采用分级分类认证授权、“红名单”保护等技术措施，最大限度地保障数据安全。智能感知网络基本形成，推进公共安全领域感知设备建设和智能化转化。智慧安防社区建设和商务楼智能安防建设逐步推进，群租、高空抛物、乱停车等一批社会治理领域的老大难问题得到有效破解。智能应用体系初步建立。智慧公安首批重点项目基本涵盖了基础应用、专业应用、创新应用等类别。智能图像识别、智能语音识别、警务微信、智能警务终端等一批基础应用已在全市推广。风险洞察系统、智能指挥辅助系统、一线综合执法智能辅助系统等专业应用完成第一阶段功能开发，并投入试运行。智能安检、智能头盔、智能警务机器人等创新项目研发取得初步成效，首批试点产品已经投入实战。截至目前，公安大脑承载的各类应用超过160个。现代治理流程同步变革。全民安防模式和协同治理模式在全市推广，微信警务室已汇聚60余万名热心群众，解决问题5万多件。精准警务模式和智慧安保模式初步形成，警务流程再造试点分局、派出所探索将警情自动就近推送给一线综合执法民警处置，视情由后台专业执法民警进行支援，试点地区公共安全管理能力大幅提升。便民服务模式直接助力提升公安政务服务水平，“一网通办”和派出所“综合窗口”试点实现了统一受理群众办事需求、后台流转审批，为真正实现群众“足不出户能办事，跑路最多只一次”积累了有益经验。

四、深入推进智慧公安建设的思考

（一）上海智慧公安建设的启示

上海智慧公安建设仅用一年多的时间就取得了有目共睹的可喜成绩，其成功经验带给我们一些启示。

1. 公安大脑是确保应用“智慧”的“神经中枢”。上海市的公安大脑基于目前市场上体系完善、成熟商用的云技术进行设计，具有强大的数据存储能力和实时计算能力。对于人工智能应用所必需的两个基本条件——海量数据支持和强大计算能力保障，上海公安大脑目前已经全部具备。正因如此，上海公安机关才能在相对较短的时间内研发并推广一批智能化应用，实现人工智能技术在公共安全治理领域的成功应用。

2. 全量汇聚是实现智能应用的“生命线”。为实现真正意义上的大数据应用，上海公安机关在数据共享工作中摒弃了传统的简单共享方式，取而代之的是全量汇聚。在最先完成的公安大脑的支持下，全量汇聚的公共安全数据更有利于挖掘数据背后的潜在价值。同时，公共安全数据全量汇聚也是打破相关政府职能部门行政壁垒的契机，有助于推动基于数据共享的协同治理，提升城市安全管理水平。

3. 实时感知是支撑一线实战的“指南针”。根据上海智慧公安建设规划，智能安防感知网络正在形成对社会面各个领域的全覆盖，届时可实现对城市安全风险的全量、全域、实时感知。目前，已完成智能安防建设的区域，不仅震慑了有违法念头的人不再“伸手”犯罪，而且为公安实战提供了更加丰富的基础信息，实现多项安全隐患在风险发生前即已消除，有力推动公共安全治理从应急处置向风险管控转变。

4. 机制创新是促进智慧公安建设可持续发展的“压舱石”。上海智慧公安建设坚持警务活动科技含量提升与现代警务流程再造、管理手段升级三位一体迭代推进，在推动信息化、智能化建设的同时，积极推动体制机制创新。通过智慧政工系统建设，客观评价民警工作绩效，形成了有效解决“干多干少一个样、干好干坏一个样”问题的可行方案。先行在部分地区试点“全科医生”（一线综合执法）和“专科医生”（后台专业执法）勤务机制改革，为智慧公安建设可持续发展提供了制度积累。

（二）深入推进智慧公安建设的建议

智慧公安建设是在公共安全管理领域开展智能化应用的一项全新实践，不论是对于已经先行先试的上海公安机关，还是对于正在探索的各地警方，都并无现成经验可循。结合上海智慧公安建设实践，笔者认为，深入推进智慧公安建设可从以下几方面着手。

1. 理念方面。理念引领行动。当前，新一轮科技革命持续演进，“情报主导警务”理念正在向“智能主导警务”升级。深入推进智慧公安建设，首先要确立与大数据时代、智能时代相适应的工作理念。一是要倡导数据文化，“用数据说话、用数据决策、用数据管理、用数据创新”的理念应贯穿于公安工作全过程。[1]进入大数据时代，万物皆“数”，数据的重要性不言而喻。但很多地方保护主义者和部门利益既得主义者仍将数据共享视为自身优势丧失的巨大风险，跨地区警务合作相对有限。建设数据文化，就是要在全国

1 王憧憧、魏永忠：《大数据 3.0 时代：智慧警务建设的实践与思考》，载《广西警察学院学报》2018 年第 1 期，第 68 页。

实现信息共享，以数据的流动主动适应高速流动的经济生活要素管理。二是要充分认识智能应用发展阶段，将“持久战”和“与时俱进”的理念贯穿于应用研发和推广的全过程。目前，公安信息化已经有了相当程度的积累，具备智能应用的基础。但智能应用开发不同于传统项目，它需要一定的时间进行自我修正和完善，项目推广注定不是一蹴而就的。智慧公安建设的所有参与者都要做好“苦尽甘来”的思想准备。三是要切实统一全警认识，坚持以“一把手”工程强化组织推进。智慧公安建设最重要的价值追求就是“安全”，安全是利国、利民、利警之举。要确保各单位“一把手”更新理念、率先垂范，这对于在纪律部队中快速、全面地推进智慧公安建设具有重要意义。

2. 规划方面。智慧公安建设具有传统信息化建设的一般属性，做好规划设计同样重要。一是要在国家、省（自治区、直辖市）两个层面制定智慧公安建设规划。公安部要在全国层面制定总体规划或指导意见，确保各地建设的标准统一和成果共享。各省（自治区、直辖市）公安机关要结合当地智慧城市发展规划制定本地区智慧公安建设规划，推动智慧公安与智慧城市一同发展。二是要精心谋划好公安大脑的建设规划。公安大脑作为智慧公安的根基和中枢，其建设成败直接关系到“智慧”水平的高低，甚至影响整体建设成效。公安大脑建设规划要充分考虑城市大脑设计、公安应用架构、具体业务需求等方面，明确数据存储容量和实时计算能力，并为未来发展预留升级空间。公安大脑在设计过程中还要注意突破人类的思维局限，让机器做到民警无法做到的事情。三是要统筹确定具体建设项目。要从全局的角度统筹确定具体建设项目，在进一步明确职责分工的同时，使项目化推进规划落地成为可能。项目推进过程要坚持整体性、系统性，切实加强项目组之间的沟通衔接，避免某个项目游离于体系之外。

3. 数据方面。在智慧公安建设过程中，数据的生命周期包括感知（采集）、汇聚、治理、应用等阶段，每个阶段需要采取不同的应对策略。一是要按照全量覆盖的目标推进数据感知（采集）。在社会面智能安防感知设备建设中，要进一步发挥视频监控的作用，力争实现安全风险的全量自动感知。同时，要坚持以统一的数据标准和技术标准开展感知设备建设，确保数据的有效性。二是要坚持全量共享的原则推进数据汇聚。要改变传统的通过接口查询方式开展数据共享的简单做法，将公共安全管理领域涉及的各类数据全量汇聚到公安大脑中，为大数据应用和智能应用提供养分。要同步制定公共安全数据共享目录，在向其他政府职能部门、企事业单位“要数据”的同时，推动公共安全数据开放共享。三是要按照安全、精准、高效的思路强化数据治理。要运用分级分类授权管理、“红名单”保护等技术手段及配套制度，牢牢守住数据安全底线。要做好数据清洗和标签化处理，最大限度地确保数据准确、鲜活，为提升社会治理精细化水平提供精准的数据支撑。要在数据治理中引入机器学习算法，不断提升数据治理的自动化程度，减少人工干预。四是要通过资源整合创新深化数据应用。服务实战是智慧公安建设的主要目的。要通过“数据黑箱”模式，切实用足、用好汇聚到公安大脑的数据资源，并借助其强大的运算能力，不断提高应用输出的产品质量。要借鉴互联网企业运作的成功模式，将民警应用系统过程中产生的数据再反哺到应用升级工作中，最终打造智慧公安的经典应用。

4. 保障方面。智慧公安建设需要方方面面的保障。一是人才保障。智慧公安建设既需要适用于人工智能发展的专业人才，也需要懂技术、懂业务的复合型人才。要加快人才队伍和咨询团队建设，进一步完善与市场行情相匹配的招录制度与薪酬体系，增强公安机关的人才吸引力。要加强政企深度合作交流，通过聘请专家等方式，解决当前亟须人才而又无法直接招录的问题。还可以通过合作企业的人才培养途径，借力培养壮大公安机关自己的人才队伍，但要避免过度依赖企业，以防引发其他隐患。二是经费保障。智慧公安很多项目的建设主体都表现出多元化特点，如智能安防社区的建设主体可能是开发商、物业、业委会、相关企业等，因此，要积极推动项目建设的多元融资，“谁受益、谁投资”。对属于财政保障的项目，要推动项目审批方式创新，确保建设经费及时、足额到位。三是政策保障。大数据时代的到来使制度建设的滞后性显露无遗。大数据技术带来的新的社会行为缺乏法律规范，现行制度无法有效规避各种伦理冲突。要研究制定有关数据采集、使用、管理与隐私保护的专门法律或规范性文件，细化数据监督管理制度、个人信息保护执法机制等重大问题，确保数据应用在法治轨道上健康发展。四是机制保障。在提升警务活动科技含量的同时，要同步推进现代警务流程再造和队伍管理手段升级，以警务机制改革筑牢智慧公安建设配套保障。要按照“先自下而上形成试点经验、再自上而下统筹推进”的方法，聚焦感知、研判、指挥、处置四大环节，不断推动警务模式的优化升级、警种机构的优化重组和警力资源的优化配置，逐步建立起与新时代要求相适应的现代警务管理机制和警务运行机制。

公安大数据问题初探*

汤三红**

摘　要： 分析挖掘公安大数据背后隐藏的关联关系，对提升公安实战能力意义重大。大数据规模大，是新资源、新思维、新技术和新方法。作为大数据重要组成部分的公安大数据是对海量警务数据进行采集、存储、分析和管理，进而挖掘数据价值，预测社会治安形势、预防和打击犯罪、辅助指挥决策的科学技术。实践证明，公安大数据具有提升警情预测能力、突破经验主义办案模式、促进社会管理创新、强化警务监督管理等基本价值。但现在民警公安大数据意识薄弱、公安大数据采集质量参差不齐、公安大数据应用效率偏低、公安大数据安全压力大、公安大数据管理滞后、缺乏相关数据技术人才支撑等不良因素制约着公安大数据的发展。因此，应当培养大数据思维、做好公安大数据顶层设计、拓展公安大数据采集渠道和范围、构建公安大数据处理体系、拓展公安大数据多维应用、完善公安大数据科学管理、培养公安大数据专业人才。

关键词： 公安大数据　警务数据　大数据时代

大数据时代让我们进入了一个与传统科学和哲学所解释的物质世界所不同的全新的数据世界。2015 年 8 月，国务院印发了《促进大数据发展行动纲要》，把大数据作为基础性资源，全面实施数据强国战略，加快推动数据资源共享开放和开发应用，助力产业转型升级和社会治理创新。我国公安信息化建设的迅猛发展，产生了包括工作信息、轨迹信息、多媒体信息等海量的结构化、非结构化、半结构化数据。[1]公安大数据蕴藏着人、事、物、组织和案件等丰富的信息，充分利用这些信息，挖掘海量数据背后隐藏的关联关系，不仅有助于全面提升预警预测、精确打击、动态管控、规范执法、主动服务等公安实战能力，而且有助于将有限的警力资源投放到最关键的位置，实现警力边际效应最

* 本文是江苏高校品牌专业建设工程资助项目（PPZY2015C203）、2015 年全国公安高等教育重点专业建设点资助项目的阶段性研究成果之一。

** 汤三红，江苏警官学院教授。

1　据不完全统计，截至 2015 年年底，全国公安机关掌握的数据资源已达数百类、上万亿条、EB 级的大数据规模。同时，数据产生汇集的速度越来越快，数据呈阶梯式增长。目前，公安数据的年增长率超过 50%，增长速度远超以往任何时期。

大化。但是，如何有效利用海量信息并挖掘内在的更大价值，成为提升公安实战能力、建立立体化综合防控体系面临的重大难题。为此，本文试图就大数据的属性、公安大数据的价值、制约公安大数据发展的因素以及深化公安大数据建设的路径等基本问题进行了探讨。

一、大数据的基本属性

综合分析相关研究成果，尽管当前对“大数据”（big data）尚未形成严格的权威定义，但对大数据的基本属性却形成了一些共识。

（一）规模大是大数据的标志之一

相对于一般数据，大数据就是指那些大小已经超出了传统意义上的尺度，一般的软件工具难以捕捉、存储、管理和分析的数据。[1]一般认为，数据的规模越大，对数据挖掘所得到的事物演变规律越可信，数据分析的结果也越有代表性。大数据除了“量大”外，还具有其他一些特征，通常可以概括为“4V”特征，即量大（Volume）、多样性（Variety）、高价值（Value）和速度快（Velocity）。

（二）大数据是一种新资源

工业时代的基础设施是铁路、公路、航空以及水、电等，而大数据、云计算和数据中心将成为未来社会的新一代的重要基础设施。大数据不仅包括传统的结构化数据，而且还包括海量多样的非结构化、半结构化数据。随着国家宽带化战略的实施、云计算服务的起步、物联网的应用和移动互联网的崛起，数据量与时俱增。当数据量积累到一定程度，其资源属性及开发价值就越加明晰。近年来，我国公安机关的数据量快速积累，已成为继警力资源、装备资源之后的新一类重要资源。

（三）大数据是一种新思维

大数据思维与传统的思维方式截然不同，是基于海量数据分析产生的数据价值挖掘思维，它改变了人们认识世界的视野和角度。

一是大数据思维关注数据的全面性。所谓“全面性”，就是大数据思维必须基于对某一类海量数据的全面掌握，强调数据量和全数据分析。在小数据时代，受收集、储存、分析数据工具落后的限制，准确分析处理海量数据几乎不可能，因此，随机采样满足了人们分析少量数据即可获得相对精确结果的需求。在大数据时代，以“云技术”为支撑，大数据技术为工具，分析全部数据不再是难解之题，因此，大数据可以广泛接受不同形式、不同来源的数据资源，但不要求数据精准。

---

1 涂子沛：《大数据：正在到来的数据革命，以及它如何改变政府、商业与我们的生活》，广西师范大学出版社 2012 年版，第 57 页。

二是大数据思维关注数据之间的相关性。所谓“相关性”，就是大数据思维注重数据之间的相关关系，而非单一的数据链之间的因果关系，当某现象发生变化时，另一现象也随之变化，且有规律可循，则说明这两种现象相关性强。在小数据时代，因果性是问题的核心。人们探究因果关系对人类认识某现象至关重要，因为只有明晰现象的产生机制和运行机理，才能采取相应措施促使或避免此现象再现。在大数据时代，大数据科学提出了相关关系的问题，改变了传统科学家们对因果性的追求，相关关系既发展了因果性又不受限于因果关系。大数据不刻意追求因果关系，而是重视事物间的相关关系，重视规律总结，其数据分析过程不必拘泥于苛刻的假设、验证条件等因素，计算机会运用数学、统计等方法找出海量数据中的相关关系。因此，我们首先要转换固有的因果性思维模式，学习用相关性思考方式去认知现实世界，再通过大数据所找到的相关性来改变这个世界。

三是大数据思维关注数据本身的内在价值。具有相关性的数据之间的关系可能是复杂多维的，但数据之间可能蕴含或潜藏着诸多重要的内在价值，如规律或本质等。

（四）大数据是一种新技术

大数据作为一种新技术，使人类的分析能力得到大幅提升，分析过程更加快速、高效，成本更加低廉。它是设计用于高速收集、发现和分析海量数据，并从多种类型的大规模数据中获取经济价值的新一代技术和体系，主要涉及资源融合技术、数据治理技术、数据挖掘技术以及可视化分析技术等。[1]

（五）大数据是一种新方法

社会科学的研究范式经历了定性研究—定量研究—仿真研究的发展，在大数据时代，又衍生出了运用数据科学对数据进行采集、存储、分析和管理的数据密集型科学研究，有人将它称为继实验科学、理论科学和计算科学之后的第四种科学研究模式。[2]与传统的科学研究范式相比，第四研究范式更符合当代大数据的容量大、多样性、速度快等特征。大数据作为一种新方法，其特点主要表现为：不在意数据的杂乱，但强调数据的量；不要求数据精准，但看重其代表性；不刻意追求因果关系，但重视基于相关性进行规律总结。由此可见，“大数据”一般是用来描述对海量信息进行分析，从而发现规律、收集有价值的见解和预测复杂问题答案的科学。[3]这一方法不仅用于科学研究，还会用到各行各业，成为从复杂现象中透视本质的有用工具。既然如此，作为大数据重要形态之一的公安大数据，则可以界定为：对海量警务数据进行采集、存储、分析和管理，进而挖掘数据价

1　邬贺铨：《大数据思维》，载《科学与社会》2014年第1期。

2　［英］Tony Hey、Stewart Tansley、Kristin Tolle，潘教峰等译：《第四范式：数据密集型科学发现》，科学出版社2012年版。

3　［美］凯特·克劳福德：《关于“大数据”的五大误解》，载《参考消息》2013年5月17日。

值，预测社会治安形势、预防和打击犯罪、辅助指挥决策的科学技术和方法。

二、公安大数据的基本价值

事实上，大数据的影响是广泛而深远的，涉及所有领域，对人们的日常生活、工作方式产生了革命性变革。毋庸置疑，大数据对我国公安领域的影响也是广泛而深远的，对公安改革与发展、公安战斗力的生成具有前所未有的重大意义。

（一）提升警情预测能力

大数据的核心就是预测，将大数据技术与警情预测相结合，必定会对公安预防工作的方式和内容产生极大影响。警力资源是否投入、投入多少，关键是对不确定性事件的发生概率进行准确把握。过去，由于缺乏全面的数据分析，警情的预测只能建立在小型数据库的初级分析阶段，所总结出的事件因果关系呈线条化、单一化，很难对警情做出精准预测，对事件的预防作用也有限，多数情况下只能做弥补社会防控网络漏洞的工作。随着我国社会治安问题日益复杂化、多样化，维护国家安全、治安秩序等防范工作的滞后性问题亟待解决，亟须建构更为先进的警情预警机制，而构建公安大数据则是对犯罪预防机制的根本性变革。这是因为大数据的核心价值是基于不同来源、不同性质的数据，采取关联和交叉分析的处理方式，对事物的发展变化进行全面、有效的预测，警务人员将主要基于数据和分析进行决策，在事件发生前检测出与事件存在较强关联的信息，并通过对关联信息的跟踪证实，采取有效的防范对策，将事件的发生概率降至最低。

（二）突破经验主义办案模式

过去，我国警务人员通过不断总结实践经验和交流学习，形成了一套依赖经验、设证、讨论的办案思路，我们称之为经验主义办案模式。[1] 按照经验主义办案模式，调查案（事）件真相，往往需要进行一步步的设证推理。这种设证推理方式，就是“随机采样”后，面对寥寥的证据和线索，凭借已有的工作思路和办案经验，人为地选出一条线索，假定其为关键线索以开展进一步的调查工作。由于其假设起点缺乏大量的数据支撑，带有较强的偶然性，因此，该假设起点一旦出错极易造成大量人力、物力的浪费。而大数据思维的充分运用，能解除经验主义办案模式“摸黑行走”的束缚，有助于降低个人臆断引发对事物研判错误的可能性，从而提高警务人员决策的准确性和科学性。这是因为，大数据技术能够全面收集案件证据、实现分析工作最大化，对事件发展的走势与场景复原做出有科学根据和数据支撑的综合判断。可以说，这种以样本模拟整体的思路，是对以经验为主导的传统办案模式的一种革命性变革。

（三）促进社会管理创新

1 魏婧楠：《大数据时代天津公安信息化建设研究》，天津大学 2013 年硕士学位论文。

当前公安工作面临的社会管理形势日趋复杂，不论是社会治安管理，还是公安行政执法，基层民警所承受的工作压力越来越大。而公安大数据不仅有助于精准洞悉警务管理的趋势和着力点，制定精细化的工作方案，而且有助于将有限的警力资源投放到最需要的位置，使警务工作的协同配合更加便捷、管理服务更加高效、资源配置更加科学。为此，公安机关必须通过公安大数据促进社会管理创新，实现提质增效，实现警务工作效能最大化，以此从根本上来缓解甚至消除这一压力。

（四）强化警务监督管理

世界银行副行长兼总会计师Chuck Mc Donough就曾力主将大数据应用引入反腐领域。他认为，数据分析工具和技术可以用来对那些具有“潜在腐败”风险的交易进行定点检查，从而帮助企业及早发现违法行为，企业的法律责任和风险也可以由此得到一定的规避。[1]公安机关可以利用大数据从体量庞大的数据中发掘涉腐信息，通过数据分析总结腐败行为一般的行事规律和共同特征，构建预防腐败工作模型，有效应对传统监督手段对违纪违法苗头难以及时发现等问题，从而实现预防腐败工作抓小抓早、防患于未然的目的。而利用大数据技术预防腐败问题的基本思路是：通过抽取有关业务系统高风险项目监测点数据，对队伍管理、业务工作等信息开展关联碰撞、分析研判、预警提示，并以此为依据有针对性地进行警务监督管理，以达到预防腐败发生的目的。

三、公安大数据的制约因素

尽管大数据为警务工作带来了广泛的发展机遇，但总体来看，当前公安大数据建设与应用仍处于初级阶段，在数据采集范围与渠道、数据收集的技术手段、运行机制及各方权益保障等方面还存在诸多问题，客观地制约着大数据警务工作的深度发展。

（一）民警公安大数据意识薄弱

从当前公安大数据实践来看，许多一线民警应用公安大数据意识不强，不作为、乱作为、虚假作为现象较为突出。一是采集警务信息的意识不强。实践证明，基础信息采集是公安大数据应用的前提和保障，但由于许多基层民警对基础信息采集工作的重要性认识不到位，导致实务中对基础信息的采集，不仅范围不够大、时效性不强，而且所采集的信息质量也不高。二是依靠整体数据进行关联分析的意识不强。例如，不少民警在公安大数据应用过程中仍然习惯于套入经验分析和单一因果关系分析的思维，从而严重影响了公安大数据内在价值的挖掘。三是业务需求与技术创新有机融合的意识不强。例如，一些民警乃至部分公安机关领导只是简单地强调技术创新驱动警务发展，并没有深

1　云计划第一门户发布：《世行运营总监：利用大数据分析反腐败》,2013年3月28日，http://cio.zd-net.com .cn/cio/2013/0328/2150842.html,2018-06-27。

刻认识到大数据只有在与警务需求充分融合的基础上才能彰显价值，这是在实际工作中公安大数据的使用效率不高，真正成功的案例不多的重要原因之一。

（二）公安大数据采集质量参差不齐

如果数据信息采集技术、采集方法存在缺陷，或者样本量过小，都会直接影响后期分析处理，甚至使大数据技术成为无源之水、无本之木。一是设备自动采集大数据整合不够。数据采集缺乏标准规范直接制约着各个应用系统的互联互通，影响数据的有效整合应用。例如，欠缺标准规范，各地公安机关购置大量不同品牌、型号、版本的硬件存储设备，建设类型各异的数据库，从而形成“信息孤岛”，数据碎片化。二是整合的警务数据种类以传统数据为主。系统应用过程中产生的日志类信息，以及在业务中获取的其他文本类、语言类、视频类、位置类等新兴数据尚未作为整合与共享的主要内容，使得可供分析研判的数据范围狭窄，规模不够。三是利用科技手段自动采集基础数据的水平较低。大数据时代是传感设备、控制设备通过网络连接实现自动采集信息的时代，但当前公安系统利用科技手段自动采集基础数据的水平，距离实战应用需求还有较大差距，许多基础数据采集不完整，特别是部分重要的警务数据采集质量不理想。四是警务数据采集监管不力。主要是因为当前警务数据采集的有效监管和纠错机制尚未完全建立。

（三）公安大数据应用效率偏低

这主要体现在处理分析能力过于单一，对大数据的挖掘尚未形成有效的手段。例如，在处理警务数据时，主要还是沿用传统的数据分析工具和分析方法，对数据处理多是采用简单的累加、比对和百分比计算，警务数据应用智能化水平偏低，对信息的内在关联挖掘不足，特别是还没有建立专门的平台、开发专门的工具对非结构化的数据进行分析与挖掘，公安大数据应用效率还处于较低水平，不能完全满足公安工作的需要。再如，当前许多基层部门和民警对数据不敏感，提不出有效的数据应用需求，对不少鲜活的第一手数据采集不及时，许多新情况无法实时纳入分析视野，许多警务工作在很大程度上还是借助传统的经验进行个案化的因果分析。究其原因，一方面，公安大数据采集、整合、应用等多个环节缺乏完善的可操作性标准；另一方面，技术与业务部门尚未建立有效的工作流程，形成双向互动的工作机制。另外，当前警种之间、行业之间、地区之间都还存在比较严重的信息资源共享壁垒，这些壁垒直接影响了对数据资源的分析与挖掘。

（四）公安大数据安全压力大

在公安大数据为公安工作带来巨大潜在价值的同时，对公安大数据的安全保护也成为我们必须关注的重大问题。在不断拓展公安大数据收集与处理的广度和深度，使其沿着稳定健康的方向发展的过程中，我们不可避免地要积极应对和化解在大数据建设与应用过程中出现的各种问题。例如，随着中国法治化进程的不断深入，公民对隐私保护的意识也在不断增强，因而公安大数据中与个人隐私相关的数据就显得颇为敏感与重要。由于我国尚未出台专门的法律法规来界定和规范信息时代下的个人隐私，现阶段我国公安大数据对个人隐私保护的任务还是非常艰巨的。例如，公安交通管理部门对车主的号牌信息及出行信息的保护。又如，对于商业秘密的保护和对商业公平竞争的鼓励方法、对于国家秘密的保护和维护国家安全的问题等都是需要我们认真应对的问题。如何适当、有效地处理好这些问题，是决定大数据应用能否在公安工作中发挥应有作用的关键。

（五）公安大数据管理滞后

从实际工作来看，公安大数据应用和运维成本较高，特别是公安大数据建设尚处于起步和发展阶段，因此，在大数据应用过程中必然会面临诸多挑战。例如，公安大数据管理体系需要统筹规划；科技部门和业务部门在数据建设与应用方面的任务和职责边界需要清晰化；各业务警种的数据统筹管理和应用等工作职责需要理顺；与软硬件配套的管理机制有待完善；专业人员队伍配备滞后，整体队伍业务素质不高；民警手工采集数据的工作量已超负荷，造成虚假数据过多，数据无法使用等问题。公安系统曾发动多次运动式的基础信息采集工作，同时以绩效考核的手段考核基层民警采录基础信息数据等，这些临时的行政性措施尽管也取得了一些实效，但也使部分民警为完成任务录入虚假数据。这需要公安机关在大数据应用过程中，理性分析大数据技术的条件限制和应用前提，特别是在自身底子薄、基础比较差的情况下，决策者应慎之又慎，切忌为了所谓政绩或受到利益相关企业的游说而盲目投资建设大数据项目，造成数据资源的闲置和浪费。

（六）缺乏相关数据技术人才支撑

数据科学家短缺将是阻碍未来大数据发展的重要因素之一。就公安工作而言，实现公安工作由数字化向数据化转型，必须由一批擅长数据分析的数据分析家、统计学家及人工智能学家提供相关技术支持，而这些人才在公安队伍中凤毛麟角。我国公安队伍中不乏有经验丰富、业务精湛的警务精英，但既熟悉公安业务，又精通相关数据技术的人才却屈指可数。如果在公安队伍建设过程中一味地注重对警务人员的专业技能培养，轻视对大数据相关技能的培训，或者不从其他领域大胆引进专业人才，那么我国的公安工作数据化建设将举步维艰。

四、公安大数据的发展路径

（一）培养大数据思维

大数据时代的来临，要求我们必须从观念上与时俱进，培养大数据思维。大数据体现的是群体行为，其实质是通过海量数据的收集处理、分析挖掘，发现、总结隐藏在大数据背后的客观规律，并以此来规制人们的行为。因此，这种大数据思维事实上决定了我们未来的行动方向。为此，一要具有协同创新意识。以公安实战为导向，以强化警务趋势分析、注重宏观研判、提升公安实战能力为核心，将大数据技术与公安业务需求紧密结合，协同推进公安大数据发展。二要具有数据采集意识。数据采集属于源头性工作，对能否发挥大数据价值至关重要。为此，一定要摆脱抽样分析思维，在采集数量上做到尽可能多；要认识到数据的关联是采集的重点，在采集方式上注重录入一切关联信息，尽力为数据串并提供有效支撑。三要具有开发利用非结构化数据的意识。要理解大数据分析不是简单的数据叠加统计，要在数据建模、预警分析等方面大胆尝试，提高数据的智能化分析水平，尊重大数据分析呈现的价值，尤其要充分认识文档、图片、视频等新型非结构化、半结构化数据已逐步成为大数据分析挖掘的主流。

（二）做好公安大数据顶层设计。我国的公安大数据建设起步较晚，呈现跳跃式发展。总体来看，科技、设施、人才、经济基础相对较差，以往积累的信息数据种类和数量有限，数据质量不高，利用率较低。因此，发展公安大数据技术不能操之过急，要理性判断自身的科技、设施、人才、经济、数据积累，科学、系统地做好大数据顶层设计。在应用公安大数据技术的同时，不能只关注成功的案例，还要多分析失败的案例，从失败的案例中汲取教训。同时，应加强公安大数据的理论研究，可以采取论坛等方式，定期组织相关技术专家和各部门业务专家进行深入交流，强化对公安大数据建设的理论指导。

（三）拓展公安大数据采集渠道和范围

拓展公安大数据采集渠道和范围的主要路径：一是整合公安系统内部数据信息，把分散在各部门、各警种的业务系统信息统一归集到信息中心。为此，要最大限度地清除数据壁垒，挖掘可整合的数据种类，既要整合视频图像、车辆轨迹，以及民警通过各业务应用系统查询、调用的行为日志等非结构化数据，也要进一步融合更多种类的结构化数据。要通过警综平台、社区警务平台、移动警务系统及各业务应用系统开展更全面的信息采集录入工作，以此作为大数据来源的重要补充。二是整合社会信息资源。要充分利用行政、网络、个人的信息优势，采取有偿购买、资源提供等多种方式，拓宽数据的收集渠道，促进社会的信息融通。例如，充分调动物流、电信、水电煤气、社保卫生等各种企事业单位、行业协会和中介组织等的信息优势，形成全民采集、全民共建的大数据汇集效应。[1] 三是建立协作机制，强化各省市公安机关之间的数据信息交换。为此，各省市之间可以通过大数据整合与应用协作会议等方式，签订数据交换共享合作协议，并以实体数据交换、相互开通授权、线下协查机制等多种方式实现数据的共享。

（四）构建公安大数据处理体系

为实现利用数据得出的预测结果能够有效服务公安实战，为警务工作提供宏观指导和决策支持，构建公安大数据处理体系至关重要。公安大数据处理体系的建立，需要注意以下几点：一是数据的预处理。主要涉及数据存储化、电子化后的导入，要实现对全部数据的同步、标准化和共享过程的管理。二是对数据的分组统计。要进行科学的数据

1 冯冠筹：《大数据时代实施预测警务探究》，载《广东公安科技》2014 年第 1 期。

分类和分组，建立公安数据目录、综合资源库、数据仓库、数据主题数据库，达到可以智能检索海量数据的效果。三是完善数据的运算分析系统。要建立分布式数据库，通过分布式计算集群完成对数据库内关联信息的普通类分析或专项分析，以满足快速整理总结的需要。四是要根据现有的计算和分析结果建立模型，满足高级别数据分析的需求，实现数据的实地运用。[1]

（五）拓展公安大数据多维应用

在过去小数据时代，由于掌握的数据量不太多，范围不够全面，因此决策时主要依赖直觉和经验，对事物规律性的把握往往需要一个比较漫长的积累过程，而且也容易遗漏。大数据时代，引用的数据或许并不是非常庞大，分析方式也是比较简单的比对方法，展示方式是用较直接和较单一的折线图，仅此就能挖掘出服务警务实战的结果，这是传统的小数据处理方式无法实现的，这就是公安大数据产生的作用。随着大数据时代的来临，丰富的多维度数据应用将使得公安传统的业务思路得到极大拓展。

（六）完善公安大数据科学管理

建立数据管理体系是一项涉及职能分工与调整的系统性工程，直接影响着大数据技术与公安业务的协同发展。而做好数据资源的统一管理和按需服务，有助于改善因行政划分造成的技术与业务需求结合不够紧密的突出问题。这是因为：数据资源的统一管理能够从根本上确保各类应用数据来源的一致性，解决数出多源、数据不权威的问题；按需服务能够让各警种结合业务需求获取数据，保障系统功能及应用的适用性。

（七）培养公安大数据专业人才

管理学家西蒙指出：“信息并不匮乏，匮乏的是我们处理信息的能力。”[2]大数据建设必须要有特定的工具、分析软件等，用它来挖掘、分析数据，但更为重要的是，任何组织都需要人才来分析大数据，这些人被称为“数据科学家”。公安大数据专业人才培养，涉及公安学、统计学、计算机科学与技术、管理学和系统科学等多学科、多专业的交叉融合，为此，可依托公安院校或者地方高校及科研院所，创建公安数据人才联合培养机制，培养公安大数据专业复合型人才。

1　程明：《公安大数据应用的现状及完善》，载《天津法学》2016 年第 2 期。

2　涂子沛：《大数据：正在到来的数据革命，以及它如何改变政府、商业与我们的生活》，广西师范大学出版社 2012 年版，第 86 页。

大数据时代的智慧侦查维度分析及路径探究

翟 海[*] 江 平[**]

摘 要：智慧侦查是大数据驱动侦查的升级发展，是在侦查过程中依托大数据理念和思维，以海量数据为支撑，综合运用互联网、物联网、云计算、智能感测等先进技术手段，深度挖掘社会运行中的各项数据，对与案件相关的人、事、物、空间、行为等要素进行智能关联串并，通过违法犯罪信息的精准回溯、预测，从而实现侦查工作质态的飞跃提升。智慧侦查不单依赖大数据进行侦查，或只将大数据作为破案工具和手段，而是涵盖侦查理念、侦查思维、侦查手段、侦查模式等多个层面，涉及“数据挖掘＋人脑智慧＋人工智能”三位一体的多维变革。智慧侦查在侦查理念、侦查思维、侦查手段、侦查模式、侦查机制等多个维度给传统侦查带来全新变革。实现智慧侦查，要通过超前的思想观念引领，形成智慧侦查新思维；通过海量的数据资源支撑，夯实智慧侦查新基石；通过深度的数据资源应用，挖掘智慧侦查新价值；通过严密的侦查风险防控，明确智慧侦查应用领域；通过专业的人才队伍保障，培育智慧侦查生力军。

关键词：智慧侦查 智慧公安 大数据

人类社会已步入由物联网、云计算、移动互联、人工智能、大数据等带来的技术革命新时代。以数据为驱动力的数据革命已经到来，以大数据为代表的新技术应用领域逐渐上升为国家战略，也成为孕育公安侦查工作蓬勃发展的沃土。利用大数据技术，推动“智慧公安”“智慧侦查”建设，实现公安侦查理念、手段、思维、模式和机制等多维度转型升级，成为新时代推动公安事业跨越发展的必然选择。

一、智慧侦查：侦查工作发展的高级形态

侦查，指刑事诉讼中的侦查机关为查明犯罪事实、抓获犯罪嫌疑人，依法进行的专

* 翟海，广东省中山市公安局刑警支队直属大队副大队长。
** 江平，广东省中山市公安局指挥中心调研科工作人员。

门调查工作和采用有关强制性措施的活动。我国的侦查工作可分为以下三个历史阶段：

（一）传统侦查阶段（新中国成立至20世纪90年代）

在我国侦查工作发展初期，公安机关侦查办案主要依靠侦查人员对犯罪信息的人工收集和储存，依赖人的大脑、书写记录和档案查询，科技含量低、粗放型特征突出，破案与否主要取决于案件性质，人财物力量投入多少，以及侦查人员的办案经验、能力水平高低等因素。在侦查工作中，案件情况摸排与嫌疑人侦讯往往是主要突破口，“口供为王”始终占据绝对主导地位。

（二）信息主导侦查阶段（20世纪90年代至21世纪初）

以我国各领域信息技术起步及快速发展为背景，以“金盾工程”建设为标志，公安侦查工作进入信息主导阶段。该阶段，各种信息记录、存储设备逐步推广应用，各类结构化的政府公共数据、事业单位数据和民商事活动数据大量产生，为公安机关采集整理、核查比对、研判分析并辅助办案提供基础。该阶段，传统侦查模式逐步改变，但因缺乏有效的数据整合、提取、研判和固证手段，信息技术、信息数据主要作为传统侦查办案手段的辅助和延伸。

（三）大数据驱动侦查阶段（2013年开始）

以2013年这一“大数据元年”为节点，以大数据、云计算等新技术为依托，信息技术不断革新，数据整合愈加便捷，应用领域广泛延伸。利用新技术，公安机关实现对各行业领域的结构化、半结构化和非结构化数据的整合，从海量杂乱无章的数据中抽取出与犯罪相关的痕迹信息，对表面上毫无意义、互不关联的碎片信息进行串联，勾勒出清晰完整的犯罪拼图，为精准打击提供先机。数据信息逐渐成为侦查工作的可靠依据，口供转而成为辅助证据，“零口供破案”成为现实。

随着公安信息化建设阔步迈向数字化、网络化、智能化的高度融合——“智慧化”，以“智慧公安”建设为驱动力的侦查工作也迈向高级发展形态——“智慧侦查”。智慧侦查是大数据驱动侦查的升级发展，也是时代发展的必然产物。以广东省中山市为例，作为地处我国改革开放发展高地及粤港澳大湾区的信息技术探索应用前沿节点城市，数据驱动的“智慧侦查”手段已经越来越成为侦查破案的一把利器。

二、智慧侦查的理论依据及现实意义

智慧侦查是指在侦查过程中依托大数据理念和思维，以海量数据为支撑，综合运用互联网、物联网、云计算、智能感测等先进技术手段，深度挖掘社会运行中的各项数据，对与案件相关的人、事、物、空间、行为等要素进行智能关联串并，通过违法犯罪信息的精准回溯、预测，从而实现侦查工作质态的飞跃提升。智慧侦查，不单依赖大数据进行侦查，或只将大数据作为破案工具和手段，而是涵盖侦查理念、侦查思维、侦查手段、侦查模式等多个层面，涉及“数据挖掘＋人脑智慧＋人工智能”三位一体的多维变革。

（一）从控制论的角度来看，智慧侦查是应对新形势下复杂犯罪态势的战略选择

当前国际刑事犯罪动态化、职业化、智能化、科技化特征显著，电信诈骗、二维码犯罪、网络金融犯罪等新犯罪形式层出不穷，给犯罪预防和侦查破案带来新的挑战。以广东省中山市为例，其地处珠三角和粤港澳大湾区城市群腹地，毗邻珠海横琴、广州南沙两个自贸区，未来随着深中通道通车和城际轨道交通的深度发展，将成为珠江西岸的枢纽城市，未来中山的犯罪特征，犯罪空间将进一步拉大、犯罪链条进一步拉长、犯罪机动性进一步增强。以诈骗犯罪为例，当前中山市新型诈骗犯罪占诈骗犯罪总数的7成以上，增长率也远高于传统诈骗。又以财产损失统计为例，近几年，中山市以网络金融诈骗为主的跨区域涉众型经济犯罪案值为其他侵财犯罪案值的4倍左右。因此，公安机关亟须在加强社会治安防控体系建设的同时，超前谋划推动侦查变革，以智慧侦查战略应对新形势下的犯罪新常态。

（二）从信息论的角度来看，智慧侦查是实现专业化精准打击目标的题中之义

侦查工作是建立在获取信息基础上的专门活动，当今社会生活与数据信息已经紧密难分，人的行为或多或少都以某种数据形式直接或间接地被记录下来。随着公安机关对通信基站、视频监控、旅业住宿、交通客运、银行交易、网络社交等各类治安要素信息的收集、整理、分析、串并、黏合、拼接能力的不断增强，“天网恢恢，疏而不漏”将日益成为现实。

（三）从博弈论的角度来看，智慧侦查是抢占对抗犯罪制高点的现实需要

侦查行为从启动到终止，始终处于侦查主体与犯罪分子或侦查行为与犯罪行为间的博弈之中。然而，刑事犯罪不断呈现新规律、新特点，侦查工作始终处于被动求证的劣势。大数据技术应用将彻底改变侦查技术与犯罪技术间的力量对比，尤其是基于物联网、云计算、人工智能和机器学习领域的数据挖掘技术，开辟了大数据引导智慧侦查的新思路、新模式。以中山市为例，近几年电信犯罪高发，人民群众深受其害，传统侦查手段面临定案难、打击难、取证难、追损难等现实困难，但随着打击治理机制的不断建立完善和数据资源的整合共享，尤其是自2014年全市反电诈中心（电信、金融公司进驻）成立运作以来，电信诈骗案件由专项部门统筹推动，实现对电信诈骗新型犯罪的精准、全链条追踪打击，仅在2014年，全市电信诈骗案件破案数就同比上升3.2倍，作为一个二线中小城市，电信诈骗破案绝对数在全省排名前列。

（四）从法律经济学的角度来看，智慧侦查是实现警力无增长改善的有效途径

现代社会要求寻求资源配置利用的最优化解决方案，法律基本价值中也导入了“效益”观念。[1] 大数据时代，智慧侦查的价值取向同样是以集约化理念开展侦查行动，

1 庄浩：《论侦查工作中的成本意识》，载《法制博览》2017年第1期。

以最少成本投入实现控制犯罪、保障人权的最大收益，最终实现足不出户即可锁定犯罪嫌疑人。

三、大数据时代的智慧侦查维度分析

大数据正在改变着我们的生活以及理解世界的方式，成为新发明和新服务的源泉，而更多的改变正蓄势待发。[1]智慧侦查作为大数据时代技术发展应用的一个侧面，在侦查理念、侦查思维、侦查手段、侦查模式、侦查机制等多个维度给传统侦查带来了全新变革。

（一）侦查理念的多维革新

侦查理念是侦查人员开展侦查活动的指导性观念，贯穿于侦查工作的全过程，具有前瞻性、导向性和设计性。在当前的犯罪数据化生态下，强调运用大数据理念驱动侦查工作。一是“兼容开放”理念。大数据时代，人事物等要素信息通常以数据 ID、IP 形式融入互联网，犯罪要素虚拟化、数据化。公安机关在数据“大开放”条件下，要以“大包容”的态度，加强对各类用户原创、各种传感器感知的半结构化、非结构化数据的采集提取，不断充实“智慧公安”警务云数据中心，通过大数据架起虚拟与现实、线上与线下之间的信息共享桥梁，从而指导实战、服务实战。二是“数据侦查”理念。大数据的优势在于便利的数据查询和数据挖掘，面对海量数据，侦查人员能否做到全维回溯、精度切入、有序查询、排查锁定犯罪嫌疑人，是决定侦查工作成败的关键。[2]因此，公安机关必须树立大数据侦查理念，善于运用大数据、挖掘大数据，建立“以数据为中心”的新型侦查取证思维方式，真正做到“让数据说话，让数据决策”，这是新时期推动智慧侦查发展的灵魂。三是“全维侦查”理念。传统侦查工作受限于技术手段和侦查成本等因素，案件侦查只能是局部侦查，即基于现场勘查、调查走访收集信息，通过试错、排除来确定犯罪嫌疑人。在大数据时代，借助大数据相关性原则，能够对案与人、案与物等进行立体式信息收集，全方位、多角度地思考分析案情，以此搜寻破案线索、厘清破案思路、划定侦查范围、有效配置警力。这种全维侦查理念，实现了侦查工作由点到面、由扁平到立体的转变。四是“诉讼为旨”理念。大数据具有大量、多样、高速、价值等特点，从大数据应用处理复杂性的角度来看，其还具有变化性、真实性、波动性、可视化等新特点。[3]在侦查实践中，要重视大数据的变化性和波动性。大数据永远只是

1　［奥］维克托・迈尔・舍恩伯格：《大数据时代》，浙江人民出版社 2013 年版。

2　倪北海：《“大数据”时代侦查（思维）模式初探》，载《贵州警官职业学院学报》2016 年第 6 期。

3　李涛、曾春秋、周武柏等：《大数据时代的数据挖掘——从应用的角度看大数据挖掘》，载《大数据》2015 年第 4 期。

事实的镜像，而非事实本身，且大概率与法律逻辑存在差异，一方面查证的信息与案件真相可能不相符，另一方面查证的证据材料可能不符合刑事诉讼的法律要求。因此，侦查工作必须坚持线上破案与线下证明相结合，把大数据算法体系融入符合法律规范的证明体系，[1]满足“以审判为中心”的侦查需要。

（二）侦查思维的元多融入

在侦查实践中，侦查人员往往通过横向思维、纵向思维、逆向思维等方式在案发后切入。大数据时代，数据与侦查的接触将越来越多元化。[2]一是“融入互联网”思维。随着“互联网+”战略实施的日益深入，产业边界变得模糊，互联网触角无孔不入，零售、制造、图书、金融、娱乐、交通、媒体等行业跨界颠覆，促进了大数据背景下公安警务模式的转型升级。侦查工作必须主动拥抱互联网，注重云计算、大数据、移动互联网、物联网等现代信息技术与侦查工作的深度融合，通过“互联网+”思维促进破案，着力构建“智慧公安”下的“智慧侦查”。二是“融入人工智能”思维。中国计算机学会大数据专家委员会在《2017年大数据发展趋势预测报告》中指出：机器学习位居大数据发展十大趋势的榜首。大数据时代，依靠大数据管理和高性能计算的支持，机器学习成为大数据智能分析的核心技术。在此背景下，智慧侦查必须转变观念，以“机器换人”“人机高级互动”的思维为新起点，运用人工智能新兴技术实现犯罪空间、犯罪倾向、犯罪形迹追踪和嫌疑对象筛查的智慧化。

（三）侦查手段的丰富拓展

一是技术手段的融合应用。大数据应用推动传统侦查手段顺势而变，将刑侦基础手段原理和思路与大数据技术充分融合，实现侦查工作事半功倍的放大效应。同时，大数据应用还推动了现代侦查手段创新发展，非结构化数据也将进一步彰显价值。二是侦查战法的推陈出新。依托大数据技术，在充分整合警种资源、打破部门壁垒的基础上，催生了各种数据驱动、协作共赢的新型技战法，极大地增强了侦查质效。

（四）侦查模式的复合发展

传统“由案到人”的侦查模式往往需要耗费大量的人力财力物力[3]，而在大数据时代，将传统的侦查模式与海量数据比对研判模式“双轨并行”，基于以数据为中心、由数据到人、由数据到案等侦查理念，形成由人到案、由案到案、由物到案、类案侦破、串案侦破等各种侦查模式，实现侦查工作“人工作战型”向“智能作战型”转变。一是犯罪回溯下的精准打击。智慧侦查将摆脱案件中心现场的束缚，能够以立体化、全景化的视角采集数据，继而对人、事、物、轨迹、时空等数据进行发散性关联比对、碰撞分析，

1 庄浩：《论侦查工作中的成本意识》，载《法制博览》2017年第1期。

2 刘洪波：《公安大数据背景下的侦查思维考量》，载《贵州警官职业学院学报》2016年第6期。

3 张兆端：《智慧公安——大数据时代的警务模式》，中国人民公安大学出版社2015年版，第139页。

极大地增加了锁定嫌疑人的概率，尤其针对高发多发、又难以投入人力专案专办的民生“小案”，可将其置于由相关数据库、信息系统和计算机网络所构成的“网络控制破案机制”中进行整体性、动态性、经营性、智能性侦查，应用前景广阔。二是犯罪预测下的精密防控。大数据不仅能揭示过往事实，更能面对未来预测趋势。通过定量分析、趋势预测、平滑指数等统计预测方法，结合生物识别、预测模型、数据库技术等手段，预测某个时空范围内可能发生的某种类型犯罪，并使巡防警力或侦查行为提前介入即将发生的犯罪，实现精密防控、主动出击。

（五）侦查机制的升级优化

随着公安机关大侦查体制改革的纵深推进，合成侦查将是当前和今后一个时期的工作常态，更是影响公安机关打击能力提升的核心要素。一是纵向合成侦查。通过数据远程传输构建上下互联的扁平化指挥机制，能够有效打破行政管理体制束缚，突破传统侦查金字塔式层级决策指挥的结构瓶颈，让侦查决策更准确、执行更高效。二是横向合成侦查。以侦查需求为导向，打破警种部门壁垒，多警种同步上案、技术手段同步运行、信息化实战应用共享。在此基础上，搭建一体化合成侦查平台，实现案源发起、合成研判、联合打击的实时互动、流程运作，最大限度地发挥合成侦查打击效能，引领公安战斗力生成模式转变。三是区域合成侦查。区域经济发展战略的推进实施和跨区域流窜犯罪日益突出的现状，是区域警务合成侦查的实现背景。在跨区域流窜犯罪打防控领域，各地公安机关已趋向共识，在国际、省际、市际警务合作大框架下，进一步健全完善刑侦区域长效协作机制，推动侦查协作、技术协作效能大提升。

四、实现智慧侦查的路径展望

（一）通过超前的思想观念引领，形成智慧侦查新思维

当前，大数据已经度过了幻灭期而进入稳定增长期，也就是低风险而高价值创造的时期。[1]随着公安侦查工作的不断变革，激发一点、带活全盘的系统性成效将会不断显现，公安机关侦查部门必须以超前的思想观念引领智慧侦查。一是切实认识“大数据”推动侦查工作的现实性、必然性。敢于冲破传统侦查观念、模式的束缚，积极用科技化、信息化的新理念指导侦查工作，更好地依托大数据技术提升服务实战的能力，创造大数据支撑下的智慧侦查高价值。二是树立“用数据说话”的观念意识和商业模式运作的实战意识。尤其在合成侦查体系构建中，要借助大数据资源优势，让合成侦查成为作战资源

1　周涛、潘柱廷、杨婧等：《CCF 大专委 2017 年大数据发展趋势预测》，载《大数据》2017 年第 1 期。

的 B2B[1]、作战需求的 B2C[2]、作战行动的 O2O[3]。要通过观念转变，促使侦查更便捷、决策更科学，通过实战探索，不断拓展侦查工作新途径、新方法，实现打击质效指数化提升。

（二）通过海量的数据资源支撑，夯实智慧侦查新基石

当前，随着以警务云平台建设和大数据整合应用为核心的“智慧公安”建设不断提速，侦查工作必须打破“数据烟囱”“数据孤岛”，将分散在不同地域、不同部门、不同载体中的碎片化数据采集进来，形成汇聚效应。一是推进数据信息大采集。借鉴先进地市警务 APP 移动采集系统等新型工具，全面采集公安基础信息、电子轨迹信息、社会单位信息等内外信息资源。通过行政收集、网络搜索、协议交换、有偿购买等方式，全面采集具有潜在价值的结构化、半结构化和非结构化数据信息。通过警务合作形式，建立健全跨区域数据共享机制。要注重政府大数据的开放共享和市场化利用，尤其针对与生产生活息息相关的高价值密度数据，要主动对接、全面采集、盘活应用。二是推进数据信息大整合。要彻底解决当前公安业务信息各自为政的短板，在安全保密的前提下，对业务数据的掌控权限重新洗牌，强化公安数据的整合共享、按需调用。要改变原始数据口径不一、杂乱存储、提取困难及智能化应用水平低下等现状问题，依托警务云数据中心建设，最大限度地统一规范数据要素、类别、特征、格式等入库标准，持续提升数据存储容量和传送速度，积极研发新型数据库构架，确保海量数据能够安全保存、高度共享、灵活调用，将警务云数据中心打造成智慧侦查的“最强大脑”。

（三）通过深度的数据资源应用，挖掘智慧侦查新价值

当前，公安机关获取的数据量正呈几何级增长态势，但利用率较低、数据增值度不高，如何搭建集约高效的合成侦查平台、激活“沉睡数据”，成为推动侦查工作质态飞跃的重点。一是探索数据挖掘新途径。通过加强软件研发或借鉴先进地市经验，建立以智能运算模型为核心的实战应用系统，实现数据的融合挖掘和自动碰撞，全方位服务侦查实战。推广应用人像比对、车牌识别、轨迹追踪、视频检索等新技术，创新研发适用不同场景的多样化算法模型，实现对个体行为的全面刻画和犯罪趋势、区域分布的精准预测。与社科机构、IT 企业开展深度合作，结合实战研发各类方便快捷的数据挖掘、研判分析工具，破解半结构化、非结构化数据难融难用问题，提升数据研判成果推送的智能度和精准度。二是积极搭建智侦合成大平台。依托合成作战中心，构建完善开放性、包容性强的新型智能化情报研判平台，整合多警种实战应用系统，全面汇聚情报碎片，

1 B2B（Business To Business），是指企业与企业之间通过专用网络或 Internet，进行数据信息的交换、传递，开展交易活动的商业模式。

2 B2C（Business To Customer），中文简称“商对客”，是电子商务的一种模式，也就是通常说的直接面向消费者销售产品和服务的商业零售模式。

3 O2O(Online To Offline)，是指将线下的商务机会与互联网相结合，让互联网成为线下交易的前台，这个概念最早源于美国。O2O 的概念非常广泛，只要产业链既可涉及线上，又可涉及线下，就可通称为 O2O。

发挥多侦联动的合力，形成准确鲜活的“信息仓库”“情报超市”，确保各类情报信息“一键通”“关联快”“对接准”“反馈灵”。

（四）通过严密的侦查风险防控，明确智慧侦查应用域

智慧侦查必须在深度挖掘、依法合规、安全保密三者之间寻求最佳结合点。一是在技术应用层面，要从保护公民隐私权角度出发，充分利用信息安全防控技术和大数据脱敏、匿名化技术，在研究大数据计算架构核心问题的同时，充分考虑对计算节点的认证、对数据的访问控制；要运用保密技术，设立网络“隔离墙”，建设网上“禁区”，强化数据内部管理约束，严防失密泄密问题发生。二是在法律制度层面，要健全完善大数据侦查程序上的法律法规，重点对大数据侦查取证的合法性、合理性、真实性进行法律明确和制度规范，既要使大数据侦查有法可依，又要使侦查活动得到有效的约束和规范；尤其是从数据全生命周期出发，对数据的采集、传输、流转、交易、使用、销毁等环节进行综合立法。

（五）通过专业的人才队伍保障，培育智慧侦查生力军

无论怎么强调大数据的重要性，终究都要由人来创造和运用。[1]反观当前公安队伍现状，大数据人才普遍匮乏，且存在人员分散、岗位不对口等管理缺陷。为此，必须将人才培育放在智慧侦查可持续发展的突出位置：一是培养多型人才。按照人尽其才、才尽其用的思路，走一专多能的刑侦人才培养道路。要在做精做强本职技能的同时，大力培养兼具多种专业技能的复合型人才。要秉承“多源异构”理念，打造集数学、统计学、数据分析、自然语言处理技能和公安业务知识于一身的差异化知识人才结构。要推崇追求卓越的“工匠精神”，健全完善大众创新的激励模式，不断激发基层民警的智慧活力，推动侦查经验产品化、侦查实战高效化。二是汇聚人才资源。要打破条线、部门界限，建立大数据人才专家库，充足保障侦查实战、确保随时调用，实现专业优势发挥的最大化。要健全公安科技人才政策，综合运用行政编制、事业编制、合同聘用等多种形式，从根源上解决公安科技队伍警力不足以及高科技人才留不住、用不好的难题。要依托公安院校、地方高校或科研院所，加强专业生源和在职民警的定向培养。要加强与科技创新应用前沿企业的战略合作，选派兼具信息化能力和警务实战经验的民警，从大数据算法优化、模型构建、技战法创新等方面开展深度应用，打造一批既懂公安侦查实战又熟悉大数据应用的数据规划师、情报分析师。

1　张兆端：《智慧公安——大数据时代的警务模式》，中国人民公安大学出版社 2015 年版，第 223 页。

关于利用大数据等现代科技提升城市公共安全管理智能化水平的实践思考

苏 文*

摘 要：现代城市公共安全管理的发展趋势是合成化、精准化、智能化和高效化。我们应主动抓住大数据、云计算、物联网、人工智能等科技快速发展的有利契机，加快物联技术应用，建设广泛的感知网络，实时掌握要素变化；加强数据资源汇聚，构建庞大的数据存储中心，实现数据全汇聚；构建数据运算中心，强化大数据分析应用，加快实现风险预测预警；创新工作机制，优化勤务运行模式，不断提升工作效能；加快构建更加高效的公共安全管理体系，提高公共安全风险预测、预知、预警、预防能力，不断提升城市公共安全管理的智能化、现代化水平，努力掌握主动权。

关键词：城市公共安全管理 大数据 智能化

近年来，我国城市化、工业化、信息化进程不断加快，公共安全风险不断增多。大中城市作为经济、政治、文化中心，是整个经济社会发展的重要动力，是交通运输的综合枢纽，人财物高度密集，公共安全风险隐患也更加集中、更为突出。尽快构建起适应新时代需要的城市公共安全管理体系，既是经济社会发展的迫切要求，也是人民群众安居乐业的根本保障，任务艰巨而紧迫。

一、城市公共安全面临的新问题和新挑战

公共安全风险一般可以分为自然灾害风险、公共卫生风险、事故灾难风险和社会安全风险。当前城市公共安全面临一些新的风险问题。

（一）不稳定因素问题

因环保问题、涉众型经济犯罪问题等引发的不稳定因素依然较多。最近几年，随着互联网金融的快速发展，涉众型经济犯罪呈高发态势，涉及人数多、影响面广，关乎群

* 苏文，江苏省苏州市公安局办公室工作人员。

众的切身利益，很容易引发大规模群体性事件。

（二）突出违法犯罪问题

人财物的流动形成了犯罪活动的流动性、跨地域性。同时，犯罪智能化趋势明显，涉网犯罪问题日益突出。近年来，普通违法犯罪活动，特别是杀人等暴力犯罪案件呈下降趋势，但电信网络诈骗等新型犯罪呈多发高发态势。

（三）暴力恐怖及个人极端事件

近年来，境内暴力恐怖事件时有发生，造成了大量的人员伤亡和财产损失。虽然这两年组织开展了严打暴恐专项行动，全国形成了严打严防暴力恐怖活动的强大攻势，有效遏制了暴力恐怖活动多发频发势头，但暴力恐怖活动隐患尚未彻底清除，暴恐风险仍然存在，时刻不能放松警惕。此外，近年来个人极端事件多发频发，引发社会关注，虽与典型恐怖案件有明显差异，但破坏性强、防范难度大，且极易引发模仿效应，社会危害性很大。这都提醒我们，在社会安全高风险时期，维护公共安全的“神经之弦”必须时刻紧绷。

（四）治安灾害事故问题

一是危险品管理难度加大。一些企事业单位在生产经营中，存储使用大量化学品及放射性物质等危险物品，管理稍有不善，就可能发生危险物品丢失或被盗等问题，给社会安全带来风险。以笔者所调研的W市为例，据统计，该市现有剧毒化学品从业单位400家，放射源单位200家，枪支弹药单位57家，危险品单位数量多、分布散。还有一些转制转产过程中的企业，其危险品管理出现空白，一些单位甚至发生危险品被盗事件，给社会安全埋下严重隐患。近年来，先后有多地发生放射源被盗或丢失案件，虽未造成严重后果，但凸显了安全风险。二是道路事故压力不减。城市建设不断加快，城市道路交通里程加速递增，私人汽车和机动车驾驶人员急剧增加，因而道路交通安全管理压力不断增大。三是火灾形势依然严峻。“三合一”场所、出租屋、多产权建筑、城中村等非传统致灾因素不断出现，人员密集场所消防违法行为虽经反复整治但仍不同程度存在。

（五）自然灾害问题

我国幅员辽阔，自然灾害种类多，发生频繁。特别是近年来，城市暴雨内涝灾害、沿海城市台风侵扰等自然灾害多发，给人民群众日常生活带来极大影响，也给城市交通、通信、供水、卫生防疫等工作带来较大考验。如何应对自然灾害，一直是我国政府面临的一大问题。

二、传统城市公共安全管理存在的问题和不足

（一）管理体系不健全

传统城市公共安全管理中缺少统一的管理机构，虽然各地都有政府应急办，但是由于其属于协调机构，且力量有限，难以承担起具体的整体统筹和应急指挥职能。很多地方在公安局加挂应急指挥中心牌子，但由于力量配置不够，实际指挥效能差强人意，对突发公共安全事件的指挥没有形成较为完善的体系。为了防范化解重特大安全风险，健全公共安全体系，2018年4月16日，国务院整合优化应急力量和资源，组建应急管理部，统筹安排应对突发事件的工作。但由于公共安全管理的复杂性和专业性，公共安全管理体系建设还有大量的基础性工作要做，各专项应急力量和平台体系也还没有充分整合，需要加快推进。

（二）信息支撑力不强

感知网络建设相对滞后，物联网感知技术等科技建设应用还比较落后，即便是各地建设较多的视频监控等也都处于各自为政的状态，没有形成互联网络，作用发挥受到限制。信息数据资源整合不够，有关公共安全的数据分散在各政府部门或社会单位，而且对大数据的分析应用还不够成熟，对公共安全风险掌握不全，对潜在的风险隐患难以及时发现，公共安全管理还停留在依靠经验判断层面。

（三）管理效率不够高

由于缺少精准信息情报支撑，公共安全管理还依赖人力投入，依靠人工作业，而且合成作战的形式和水平有待完善，导致公共安全管理效率不高，普遍感觉力量不够。例如，对风险的排查依靠人力作业，对安全事故风险缺少预测预知预警能力，不能及时预判预防，增加社会安全管理成本。

三、现代城市公共安全管理体系的发展趋势

面对公共安全风险不断加大和管理相对薄弱的双重压力，运用现代科技推动公共安全管理现代化、智能化成为必然要求。“大智移云”时代来临，给经济社会发展带来了翻天覆地的变化，也为公共安全管理提供难得机遇。笔者认为，现代城市公共安全管理的发展趋势是合成化、精准化、智能化和高效化。

合成化并不是简单的“联合办案”和“联合执法”，而是以大数据应用为主轴，围绕数据收集、数据汇聚、数据关联、数据分析等关键环节，形成分工明确、协调配合、联合作战、积分考核的工作链条或机制，把分散的、割裂的资源有效整合起来，发挥出倍增效应。

精准化是指通过运用大数据分析技术，对公共安全风险等进行精确研判，形成精确情报，为公共安全管理提供有力支撑，提高管理的精细化和精确度，从而有效减少资源浪费、少做“无用功”。

智能化是指通过运用物联网、大数据、人工智能等现代科技，对风险因素进行智能感知、智能分析、智能报警，自动形成问题解决方案，实现对城市运行自动感知、风险自动预警、资源最优匹配。

高效化是指通过合成治理、精细治理、智能治理，最大限度地集约人力等管理成本，有效提高公共安全管理和公共服务的效率及水平，为公众提供更加安全的环境和更加高效便捷的服务。

四、用大数据提高城市公共安全管理效率的路径

在经济社会高速发展的时代，公共安全领域风险与机遇并存。我们应该主动抓住大数据、云计算、物联网、人工智能等科技快速发展的有利契机，加快构建更加高效的公共安全管理体系，提高公共安全风险预测、预知、预警、预防能力，不断提升城市公共安全管理的智能化现代化水平，努力掌握主动权。

（一）加快物联网技术应用，建成广泛的感知网络，实时掌握要素变化

数据采集是大数据应用的基础环节。除了传统的人工采集外，还要注重运用物联网感知技术等实现数据自动采集。例如，在消防安全管理中，有一氧化碳传感器、二氧化碳传感器、粉尘传感器、可燃气体传感器、湿度传感器、水位传感器等。这些传感器就像人的眼睛、耳朵一样，能够实时感知内外部环境变化，做到“耳聪目明”、知己知彼，为判断各种危机隐患和风险决策提供保障。可积极推进监控摄像头、物联网机器、移动通信设备等前端采集传输设备建设，实现对车辆、人员信息的自动采集、实时采集。在大型活动安保中，如果运用人员超限预警等感知设备，就能够有效防止人员过度集中，提前采取限制管理措施，防止踩踏事件发生。此外，随着物联网技术日益成熟，其广覆盖、大连接、低功耗、低成本的技术特点，有望结束过去物联网技术与应用“碎片化”的现象，真正实现“整个城市一张网”[1]。这为物联网感知提供了基础条件。

（二）加强数据资源汇聚，构建庞大的数据存储中心，实现数据全汇聚

孤立的单个数据价值不大，数据积累才能产生更大价值，数据才会产生“倍增效应”。即便是碎片化、貌似废弃的数据，汇聚后也能产生巨大作用。而且数据应用价值是无穷的，数据越大潜在价值越大。加快社会数据汇聚，让大数据产生价值，要做到以下三点：

一是实时传输。数据及时进行汇聚，能够保证数据鲜活度，确保实时掌握情况。就

1　邬贺铨：《窄带物联网有望结束技术应用“碎片化”》，搜狐网，http://sohu.com/a/211374938555803。

像人的皮肤能够感知温度一样，如果被火烫到，神经系统会立即把信息传输到大脑，大脑才能立即做出判断和指令，迅速规避风险，否则可能导致皮肤烧伤。

二是全面汇聚。这里的“全面”是相对的，是根据公共安全管理的实际需求，尽可能实现数据全汇聚，为数据分析比对提供支撑。当前，要推动社会数据、政务数据、互联网数据等数据汇聚，改变数据孤岛问题，夯实大数据应用的基础。例如，国内很多省市都已建有人口基础数据库，推进以“人”为核心的数据汇聚工作，将分散在民政、计生、教育、社保、工商、国地税、公积金等政府部门和企事业单位的基础数据，以及水电气、银行、电信运营商等社会面数据汇聚整合起来，实现数据全汇聚、大融合，可构建立体化、全方位、全时空的数据汇聚融合体系。

三是规范标准。数据必须是符合标准的数据。对视频、音频等非结构化数据要进行结构化分析，方便对数据进行分析应用。随着人工智能技术的快速发展，这方面工作已经取得很大突破。在交通治理上，已经可以通过对城市交通历史数据进行结构化分析，支撑交通态势实时动态可视化展示、人群流通路径展示等。

（三）构建数据运算中心，强化大数据分析应用，加快实现风险预测预警

除了建设强大的硬件基础，构建强大的数据运算中心外，关键是开发应用大数据分析应用模型，并采用人工智能等科学技术，加大对大数据价值的挖掘应用，减少资源投入，提高管理的精准性和智能化。例如，可以整合规范公安、安监、交通、消防等部门数据资源，智能分析，生成火灾风险预测模型，预测火灾发生概率。再如，可以探索应用“智能交通”系统，实现对交通事件、可疑车辆的自动识别，对交通信号的自动最佳配时，大幅提高交通管理效率。又如，可以探索开发基于大数据、云计算技术的犯罪预测系统（PPS），服务巡防工作，实施针对性布防。

（四）创新工作机制，优化勤务运行模式，不断提升工作效能

科技要有机制保障才能发挥价值。大数据要发挥实战效能，要有相应的体制机制做匹配，否则难以落地。例如，厦门探索建立的公共安全管理机制，依托公共安全管理平台，通过多源融合，综合分析，全程跟踪，及时发现、预警、评估和处置各类公共安全隐患与事件，实现“公共安全资源的一张图展示、公共安全风险的大数据分析、公共安全问题的社会协同治理、应急处置的全程数字化管理”。大数据分析结果出来后，关键是要指挥落地。

为此，厦门市探索成立市公共安全管理中心，公安、安监、卫生等16个部门派员进驻，合署办公，合成研判，联勤指挥，建立起与大数据应用相匹配的公共安全统一管理、公共安全事件（事故）高效处置的工作机制，大大提高了公共安全管理水平。例如，可以探索建立大数据指挥服务机制。过去，指挥中心的职能主要是警情指令下发，现在为提高应对突发事件的能力，可以成立大数据指挥服务中心，建立健全情指勤一体化工作机制，对公安警务运行模式进行优化调整。指挥中心不仅仅简单下发指令，而且为基层实

战提供大数据情报支撑，提高基层实战能力。再如，可以探索建立现代城市巡防机制。以前的巡防工作是“漫天撒网”，现在可以与犯罪预测有机结合，依托犯罪预测系统预测结果，动态调整警力布局，做到科学用警，精确防控。

治安防控要素模式与城市警务战略管理 *

石启飞 **

摘 要：管理理论通过管理模式作用于管理实践。治安防控模式可以指导警务战略的规划及实施，但我国警务理论在治安防控模式的构建上尚有不足。应从治安防控的基本构成要素出发，构建治安防控的要素模式，并在此模式的指导下正确地进行城市警务战略管理。治安防控要素模式具有形成系统的战略体系、确定阶段性战略和动态调整警务战略的作用。以治安防控要素模式分析城市警务战略，可以认识到总体警务战略包含治安防控体系的现代化和中心警务战略；要素警务战略包含民意主导警务、社区警务、情报主导警务和智慧警务战略。

关键词：治安防控 安全治理 警务战略

在城市化进程中，治安资源主要集中在城市，治安问题也主要发生在城市，城市安全治理逐渐成为社会治理的重心。随着城市安全治理实践的推进，中外警界基本认为安全治理既不能单靠政府，也不能单靠社会，更不能仅靠市场。三者应各负其责，协同共治，以期实现安全治理之善治。因此，为进行安全治理而构建覆盖政府、社会和市场三大领域的治安防控体系，乃是世界各国必然的选择。无论什么样的治安防控体系，警察在其中都居于核心地位并发挥着关键作用。“警务战略是警务战略指导者在特定时期，基于对外界环境及内部资源的分析而确定的关于警务活动的整体方略，它是一系列目的、任务、方针、手段等的总称。”[1]一个好的警务战略，关系着警察在整个治安防控体系中核心地位的稳固和关键作用的发挥，关系着治安防控体系各组成部分的协调运转和整体功能的实现。“警务”有广义的概念和狭义的概念。广义的“警务”是指所有应对社会治安问题的行为；狭义的“警务”仅指警察应对社会治安的行为。本文取狭义上的警务概念。所以，警务战略又可称作警察战略。“警察战略管理，是指关于警察组织管

* 本文是辽宁省2016年教育厅社科基金课题“立体化社会治安防控理论体系研究”（2016jyt-Lj06）阶段性成果之一。

** 石启飞，辽宁警察学院教授。

1 李敏蓉：《战略概念的演变及警务战略特征初探》，载《北京人民警察学院学报》2004年第6期，第45页。

理目标、发展方向、警务范围和资源配置等全局性、重大性、长远性问题的谋划和决策，以及实现这些谋划和决策的动态过程，即对警察战略制定和战略实施进行的管理。”[1]所以，城市警务战略管理就是借助相应的管理理论，科学地规划及实施警务战略的过程。管理理论通过管理模式作用于管理实践，也就是说，警务战略的规划及实施首先要看这个国家采用什么样的治安防控模式。然而，我们在治安防控模式的研究上尚有不足，虽然提出了一些模式，如“立体化”模式、“信息化”模式、“多元”模式、“智慧”模式等，但这些模式都仅着眼于治安防控的某一方面，并不能全面地覆盖整个治安防控体系，进一步说，并不能全面地体现社会治安综合治理理论。基于以上分析，笔者认为，应从治安防控的基本构成要素出发，构建治安防控的要素模式，并在此模式的指导下正确地进行城市警务战略管理。

一、治安防控体系的要素模式

模式的英文是“model”或“paradigm”，意思是“模型、雏形、原型、模范、样式”。在《汉语大词典》中的解释是：“理论的一种简化形式，即对现实事件的内在机制和事物之间的直观的、简洁的描述；能够向人们表明事物结构或过程的主要组成部分和相互联系。”[2]可以说，模式是人们对事件进行认识、解释的一种简洁的标准形式和可以参照的标准样式，已成为人们进行思想交流的重要工具。正因如此，各研究领域的学者才愿意去构建各种各样的模式，作为认识、解释事件的工具，以促进人们之间的交流。治安领域也不例外，人们创建了各种各样的治安模式，即使并不是规范的“模式”，但也往往使用“模式”这一称谓。人们在谈论“模式”时，有的从研究对象的某一要素出发，如“智慧警务模式”是从现代信息技术应用的角度出发的；“治安多元主体模式”是从治安主体的角度出发的。有的从研究对象的构成要素及其相互关系出发，如“管理模式”“治理模式”“立体化治安防控模式”等，每一模式里均涉及多种构成要素。但无论是单一要素，还是多种要素，都揭示了一个道理——治安模式是由构成要素所决定的。不同要素的组合可以形成不同的治安防控模式，将治安防控的基本要素融合在一起就形成了治安防控的要素模式。

（一）治安防控模式的构成要素

关于治安防控模式的构成要素，当前的治安学领域尚未有专门的研究。从文献检索结果来看，仅有关于治安秩序的构成要素的研究，有学者认为，治安秩序的构成要素包

1　张兆端：《现代警察管理之道》，中国人民公安大学出版社 2009 年版，第 10 页。

2　卢启程：《企业管理模式的理论与发展研究》，载《时代经贸》2006 年第 4 期，第 71 页。

括：主体、规则、内容和时空。[1]在研究治安学的对象时，有学者认为，治安学“不仅要研究治安主体、治安规范、治安客体，还要研究三者之间的关系”。[2]因此，治安防控模式的构成要素应是治安学中新的研究领域。治安防控是人类社会的一种管理活动，借鉴管理学领域关于管理活动构成要素的阐述，可知治安防控要素主要包括：治安防控主体、治安防控客体、治安防控技术和方法、治安防控信息和情报、治安环境等要素。其要素关系模型如图 1 所示。

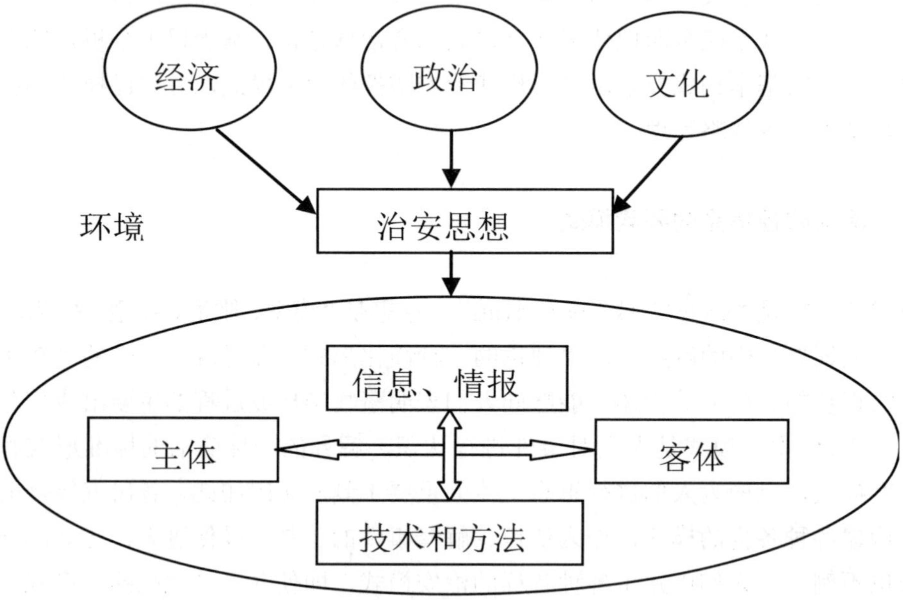

图 1 治安防控要素模式

1. 治安防控主体。

治安防控主体即治安防控责任的承担者。不同的社会形态及不同的发展阶段下，治安防控主体会出现不同的表现形态。从历史的演进形态来看，治安防控主体大体上经历了一元主体、二元主体和多元主体阶段。在治安防控体系的主体建设方面，首先就要正确地判断社会的发展形态及其所处的阶段，这样才能正确地判断出治安防控主体的表现形态，才能客观地去构建治安防控的主体模式。

2. 治安防控客体。

1 陈天本：《治安秩序的内涵与构成要素研究》，载《中国人民公安大学学报（社会科学版）》2006 年第 5 期，第 17-18 页。

2 陈涌清：《论治安学研究对象的确定》，载《中国人民公安大学学报（社会科学版）》2011 年第 1 期，第 41 页。

治安防控客体即治安防控主体的作用对象，主要指那些能够引发治安问题，需要治安防控主体对其进行管理的现实与虚拟的人、地、事、物和组织等对象。治安防控客体也是随着整个社会环境的变化而变化的，所以，在治安防控时，就要明确各客体的表现及其相互关系，进而才能构建治安防控客体的客体模式。

3. 治安防控技术和方法。

技术和方法是指治安防控主体对客体进行管理时所采用的方式和方法。广义上，其是指不同层面的方式和手段；宏观上，其是指打击、防范、管理、建设、教育和改造；微观上，其是指所有具体的传统与现代的科技手段和方法。技术与方法在治安防控主体与客体的相互作用和反作用之中向前发展。在现代社会，治安防控技术与方法在治安防控体系中的作用日益突出。

4. 治安防控信息和情报。

治安防控信息和情报是治安防控主体对客体进行认识和采取行动的根据，在治安防控主体与客体的相互作用之中变化发展。治安防控信息和情报所发挥的作用随着信息技术与方法的进步而日益重要。

5. 治安防控环境。

治安防控环境是指前面四种治安防控要素所处的以政治、经济和文化为主要决定因素的社会环境。在治安防控体系中，四要素的关系及其地位往往不取决于相互之间的应然要求，而是决定于由社会环境要素所产生的治安思想。因此，只有加入环境要素，才能形成完整的治安防控要素模式，才能恰当地发挥各要素的作用。

（二）治安防控要素模式的模型

治安防控要素模式能够将各种治安防控模式纳入自己的体系之中，对任何一种治安防控模式都可以从治安防控的某一要素或几个要素的组合出发进行阐述和说明，具有强大的理论解释力，是治安防控模式的总体模式。从单一要素出发，如治安防控的多元化模式和警务合作模式就是从治安防控的主体这一要素出发而建构的模式；治安防控的信息化模式和情报主导模式是从治安防控的信息与情报这一要素出发而构建的模式；智慧治安模式和智慧警务模式是从治安防控的技术与方法的角度出发而构建的模式；情境预防、预防犯罪二八法则和严打警务等模式是从治安防控客体的角度出发而提出的治安防控模式，情境预防是从被保护客体的角度出发，后两个模式是从打击客体的角度出发；“一带一路”治安防控体系建设是从治安防控的环境要素出发提出的治安防控模式。环境要素除了能从自身出发构建相应的防控模式外，还可以结合其他四要素构建防控模式，即从要素组合出发构建治安防控模式，如治安防控立体化模式等。

从治安防控要素模式的构成要素出发构建的相应治安防控模式不同于不以这一模式为基础而单独构建的治安防控模式，前者在突出某一要素时并不忽略其他要素，后者往往仅强调某一要素而忽略其他要素。因此，治安防控的要素模式是各种治安防控模式的聚合，是各种治安防控模式的母模式、原模式。有了这一模式，就可以根据社会治安问题的发展变化而动态地、适时地调整具体的治安防控模式。

为了更加直观地揭示治安防控要素模式的原模式作用，可以建立数学模型予以说明。这一数学模型为：$Z=f$（Mm, Oo, Tt, Ii, Ee）。

在这一模型中，Z 为治安防控模式，随着治安防控要素的变化而变化；f 为 Z 与 Mm, Oo, Tt, Ii, Ee 的函数关系；M 为治安防控主体；O 为治安防控客体；T 为治安防控技术与方法；I 为治安防控信息、情报；E 为治安防控环境；m、o、t、i、e 分别为 M、O、T、I、E 的变量。任何一种治安防控模式都可以用这一模型来进行认识和阐释，并使其系统化和科学化。

二、治安防控要素模式在警务战略管理中的应用

将治安防控的要素模式运用于警务战略管理中，具有重要的方法论意义，可以将警务战略视为一个战略体系，防止了战略选择的单一性和片面性；可以明确一定时期的中心警务战略，为公安工作找准工作重点，并在动态中调整警务战略。

（一）形成系统的战略体系

从治安防控构成要素的角度对警务战略进行分类，警务战略可以分为总体上的警务战略和要素警务战略。总体上的警务战略是对治安防控要素全面综合分析而形成的警务战略，处于最高层次，是统领全局的警务战略，公安机关的治安防控体系战略就属于此类。要素警务战略是从治安防控要素的某一要素出发而形成的警务战略，如社区警务战略是从治安防控的主体这一要素出发而形成的，严打警务战略是从治安防控的客体要素（严重危害社会的犯罪分子）出发而形成的，情报主导警务是从治安信息、情报这一要素出发而形成的，问题导向警务战略是从治安防控客体这一要素出发而形成的，民心警务战略及服务经济社会发展战略或是从环境这一要素出发而形成的，或是从几要素组合的角度出发而形成的。要素警务战略只有在总体警务战略统领下，才能充分发挥作用。要素警务战略的有机结合构成了系统的总体警务战略。在战略体系中，随着各要素的变动，每个具体战略的地位和作用也在不断地发展变化，成为公安工作的重心。

（二）确定阶段性战略

从警务战略的发展来看，要素警务战略是“你方唱罢我登场”，呈“轮番做庄”的态势，是一种渐进式的警务战略选择模式，即以问题为导向的警务战略选择模式。当一种警务战略根据时代的要求被确定之后，就成为一段时间内公安机关的中心工作。例如，严打警务战略，当治安防控要素中的客体要素之一——违法犯罪表现突出之时，它就成为一切公安工作的重心，其他警务战略都要服务于这一战略，公安机关的主要资源都要向这一战略集中。这一时期，此战略便成为全局警务战略，但却不可无限提升其地位，

因为它仅是从单一要素出发而构建的警务战略，永远无法取代总体的警务战略，始终要在治安防控体系这一总体警务战略指导下进行，当然也不能忽略其在总体警务战略中的阶段性地位。其他单要素警务战略亦是如此，即使是被学者广为提倡的社区警务战略，也只是要素警务战略，无论其在公安工作中的基础性地位如何，也不能成为主导全局的总体警务战略。其原因就是即使公安机关“掌好了舵”，其他社会主体也奋力地“划桨”，但由于“船”自身的问题，其无法始终平稳地航行。要素警务战略经过一段时间之后，就要回归到常规警务战略的地位，在公安工作的某一局部发挥自身的关键作用。因此，公安机关在进行战略管理之时，不能忽视其他警务战略。虽不能要求各要素警务战略齐头并进，但最低的要求是补足某一警务战略的短板，如在以严打警务战略为中心时，要注重与情报主导警务战略、信息化警务战略、民意主导警务战略和社区警务战略相结合，齐头并进，但在实际工作中往往忽视社区警务战略，此时，社区警务战略就是战略体系中的短板，这一短板不能太短，否则中心警务战略的目标便难以实现，而且在中心警务战略回归到常规警务战略的地位后，需要补足的就是这一短板，甚至使其成为新的中心警务战略。

（三）警务战略实施中的动态调整作用

治安防控的各要素是不断发展变化的，治安防控要素的结构也在不断发展变化，因此总体的警务战略也要相应地进行调整，如公安机关的治安防控战略这一总体的警务战略就要随着各要素的变化而变化，从治安防控体系的构建，到立体化治安防控体系的构建，再到立体化、信息化治安防控体系的构建，再到治安防控体系的现代化都印证了这一规律。基于这一规律可以得出：一方面，总体的警务战略要以治安防控各要素的结构为依据，使各要素警务战略系统化、科学化，各就其位，协调配合，实现总体战略功能最优；另一方面，在总体警务战略的实施中要突出要素警务战略，如在强调信息要素的突出作用时，不仅要适时地结合警务信息化的战略，而且为了强调这一要素警务战略的作用，要在总体警务战略中点明。可以说，“立体化信息化治安防控体系”中的“信息化”就是对信息化警务战略这一要素的强调。这样，无论是总体警务战略，还是要素警务战略都能够随着时代的发展变化而变化，实现在动态中进行渐进性调整。

三、运用治安防控要素模式对城市警务战略分析

治安防控要素模式为警务战略的规划和实施提供了理论依据，也是进行警务战略思考的分析工具，借助这一工具可以实现警务战略管理的全面性、动态性、系统性，避免警务战略管理出现片面性、时滞性、松散性问题，促进警务工作战略目标的实现，提高警务工作的效率，保障警务任务的顺利实现。下面就以这一模式分析城市现代化进程中城市警务战略管理的具体内容。

（一）在总体警务战略上的应用

1. 治安防控体系的现代化战略。

党的十八届三中全会决定将“推进国家治理体系和治理能力现代化”作为全面深化改革的总目标之一，突出了“现代化”在治理体系中的重要性。现代化始终是过去一百多年来中国发展的主题。学界对于现代化这一概念有诸多讨论，张培刚教授将现代化定义为“全社会范围，一系列现代要素以及组合方式连续发生的由低级到高级的突破性变化或变革的过程”。社会学理论认为，现代化是一种特殊的社会转型，是社会在日益分化的基础上，进入一个能够自我持续增长和自我创新，以满足整个社会日益增长的需要的全面发展过程。[1]现代化涉及土地、资源、能源、资本、劳动、教育、科学、技术、文化、信息、知识、制度和法律等现代要素；也涉及各种现代要素组合方式，不同的要素有不同的组合方式，有的要素组合方式需要利用市场机制配置，有的要素组合方式需要由政府有效提供，有的要素组合方式由两种机制共同来提供。[2]社会治安防控体系的现代化不是某一要素的现代化，而是治安防控全要素的现代化。社会治安的“信息化”防控，由于现代信息技术具有数字化、可视化、全程留痕等特点，凭借发达的计算机和网络技术，可以对人流、物流、资金流、信息流进行全程追踪，为防控社会治安问题提供有效手段，使信息化的治安防控成为可能，使数据和信息在社会治安防控中发挥出关键性和基础性作用。因此，信息化社会治安防控虽具有现代性，却不能成为总体警务战略。大数据警务战略通过大数据的科学分析，可以对社会治安中的问题进行预测，展现传统技术方式难以展现的关联关系，实现对各类风险的自动识别、预警，由此预防和减少社会治安案件的发生。[3]大数据警务虽具有现代性，但也不能成为总体警务战略，只有治安防控的全要素的现代化，才是治安防控体系的现代化，才能成为总体的警务战略。

2. 中心警务战略。

在治安防控要素中，环境要素的地位和作用往往被人们所忽视，在进行警务战略选择时，不考虑所处环境的情况时有发生。例如，在借鉴西方的一些警务理论和管理理论时，往往盲目地引进，不考虑我国的实际情况，具体来说就是没有充分考虑治安防控的主体、客体、信息情报、技术与方法和环境要素，以致出现“水土不服”的现象。像社区警务，我们已经研究并实践了10余年，但成效甚微，并没有什么创新，其原因就是我国还不具备开展社区警务的主体条件，我国社会治安组织的发展还不充分，国家公安力量还没有做好变革的准备。再确切地说，这是由主体所处的经济环境所决定的——市

1 《“国家治理现代化与社会治安防控”专题研讨会纪要（上篇）》，载《河南警察学院学报》2015年第3期，第50页。

2 贾宇：《建设立体化信息化社会治安防控体系》，载《社会治理》2017年第1期，第26页。

3 陶建武：《城乡结合部社区治安的耦合治理模式研究——基于深圳宝安的案例分析》，载《理论建设》2014年第5期，第79页。

场经济还没有充分地发展起来，市场在资源配置中还未起到决定性作用。所以，笔者认为，我国的社区警务战略实施得有点早了，实践中还是以传统的群众工作为主，并未做到社区警务所要求的以法治为基础的多元主体协同共治，导致社区警务战略有其名而无其实。究其原因，是对我国的中心工作及其发展把握不准所致，笔者将其称为“没有完全贯彻中心警务战略”。所谓中心警务战略，就是指警务工作始终要以党和国家的中心工作为重心，围绕这一中心工作来制定和实施具体的警务战略，在全部警务工作中贯彻党和国家的中心工作，这也是我国公安工作的传统。但是在实践中，总有个别的地方偏离了这一警务战略的要求，或滞后或超前。所以，从环境要素这一角度提出的中心警务战略应是一个总体的警务战略。只有环境要素分析准确，其他四要素的目标才能准确制定，四要素的现代特征才能准确分析，由此警务战略才能准确选择。

（二）在要素警务战略上的应用

在治安防控现代化这一总体警务战略之下，当前应实施如下几项城市要素警务战略：

1. 民意主导警务战略。

在治安防控要素中，客体要素的变化决定着其他要素的变化。我国传统公安学理论曾提出公安主客体理论，这一理论指出：客体决定主体，公安主体随着公安客体的变化而变化。因此，在进行要素警务战略规划及实施时，通过治安防控要素模式进行分析，首先就要全面地分析当前治安防控的客体要素。治安防控的客体要素包括人、地、事、物和组织等，其中人是最主要的，而地、事、物、组织都是围绕人而展开的。人又可以分为两类，公安学基础理论将其分为第一客体和第二客体，第一客体指违法犯罪分子，是打击和控制的对象；第二客体是广大人民群众，是保护的对象。当今社会，防控的客体由第一客体转到了第二客体，所以，民意主导警务必然成为要素警务战略之一。人民需要有安全感和公正的法治环境，即对平安中国与法治中国有突出的需求，那么，公安机关就应尽量提高社会面的见警率，全力推进执法规范化建设。当人民群众需要公安机关提高行政服务水平时，就要将便民利民为民的公安行政管理改革全部到位。当人民群众需要对被害人的权益进行恢复时，公安机关就要不仅对违法犯罪严厉打击，还要加强对被害人的救济，如财物返还制度、被害人的心理干预制度等都要相应地开展起来，这就是贯彻民意主导警务战略。

2. 社区警务战略。

社区警务战略来自西方20世纪70年代的第四次警务改革，认为产生犯罪的根源在社会，那么抑制犯罪的主力军也在社会。[1]这一警务战略引进到我国之后，由于其与我国公安工作的根本路线——群众工作路线的基本要点相契合，很快便成为我国的警务战

1 王大伟：《欧美警察科学原理》，中国人民公安大学出版社2007年版，第445页。

略之一开始实施。这一警务战略从其产生的背景来看，属于西方新公共管理运动的组成部分，深受西方公共管理理论的影响。西方新公共管理理论的一个基本的观点是治理主体的多元化，即公共物品的提供者不限于政府，也包括大量的私营部门，政府的角色应是“掌舵”而不是“划桨”，在社区警务战略中的反映就是警察要深深地植根于社区，与社区各方面的力量通力合作，共同防控违法犯罪。显然，从治安防控构成要素来看，这是从治安防控的主体要素入手提出的警务战略。我国在计划经济时期，公安机关对治安防控客体的控制是通过社会治安力量来实现的，虽然一开始我国的公安理论就构建了二元或多元的治安防控主体，但由于这些主体有着高度的一致性、统一性，公安机关通过社会治安力量所实现的对社会的控制，不是多元主体而是一元主体，因此也就无所谓社区警务要求的平等主体间的协商共治。在市场经济发展的早期，社会治安力量重新建构，尚处于起步和发展期，所以社区警务战略很难付诸实践。但是，当前我国的市场经济已经相对发展起来，党的十九大已经明确市场在资源配置中发挥决定性作用，未来市场经济将逐渐成熟壮大起来，治安防控主体势必呈多元化趋势，这就迫切需要各治安主体作用的充分发挥，社区警务战略就成为当前及未来必然的选择，公安机关要扮演好“掌舵者”的角色，其他治安防控主体才能奋力地“划桨”，共同履行治安防控职责。

3. 情报主导警务战略。

情报主导警务是一种主动先发式战略，它强调对违法犯罪信息进行收集和分析，并做出预测，形成情报产品，然后采取主动有效的措施来预防和侦查违法犯罪行为。[1]任何工作在任何时候都离不开信息和情报，信息和情报也都发挥着关键性作用，任何决策者也都高度地重视信息和情报工作，但以往信息的收集和情报的分析都是通过常规手段进行的，生产情报的能力不足，致使信息情报这一防控要素的作用未能充分地发挥出来，所以也就没有上升为警务战略的必要。然而，随着大数据、云计算、人工智能等技术的出现，信息的利用及开发水平得到飞速提高，情报的生产能力急剧提升，为实现精准防控创造了极大的可能性，情报主导警务战略成为信息与情报要素和防控技术与方法要素现代化发展的需要。信息与情报的关键作用和现代技术与方法为其作用发挥提供的可能性共同决定了情报主导警务战略实施的必要性。

4. 智慧警务战略。

“智慧警务”是以技术为支撑，以公安信息化为核心，通过互联化、物联化、智能化的方式，促进公安系统各个功能模块高度集成、协调运作，实现警务信息“强度整合、高度共享、深度应用”之目标的警务发展新理念和新模式。[2]由此可见，智慧警务战略是从治安防控的技术与方法要素出发而提出的警务战略。其之所以上升为警务战略，一

1 魏猛：《中外若干警务战略理论分析研究》，载《河南警察学院学报》2012 年第 4 期，第 126 页。

2 张兆端：《“智慧警务”：大数据时代的警务模式》，载《公安研究》2014 年第 6 期，第 20 页。

是前面提到的其为治安防控信息情报要素关键作用的发挥提供了可能性。二是其将促使各项警务工作进行流程再造，重新进行结构组合，实现警务功能和效益的最大化。三是其为公安管理体制由科层制向扁平化管理转变创造了条件。四是实现了传统勤务方式的转变。五是智慧城市的建设也为智慧警务战略的实施创造了条件。可见，智慧警务战略将成为现在及未来一段时间要素警务战略的重心。

城市暴恐犯罪的处置难点和对策研究*

宫 路* 王雨亭**

摘 要：20世纪80年代以来，城市因其中心地位易产生“轰动效应”，逐步成为暴恐犯罪分子发动袭击的首要目标。城市人口密集，重要基础设施分布紧凑，公私建筑广布，城市系统安全难免有疏漏，具有聚集性、脆弱性和敏感性。反恐战争信息严重不对称，系统薄弱的区域易成为暴恐分子的首要目标。应当注重反恐队伍建设，加强反恐预警能力和数据库升级，控制舆论导向，积极妥善地应对城市暴恐犯罪。

关键词：城市暴恐犯罪 反恐队伍建设 恐怖主义

城市暴恐犯罪是指在城市范围内，具有鲜明的政治经济目的，以暴力袭击为手段造成严重社会危害的行为。20世纪80年代以来，城市因其中心地位逐步成为暴恐犯罪分子发动袭击的首要目标。由于城市的“轰动效应”[1]，一旦发生暴力恐怖活动，对国家经济、政治、文化造成的冲击无可估量，重建难度较大。如何有针对性地根据城市暴恐犯罪处置难点提出相应对策，以应对城市暴恐活动及其潜在的巨大威胁，是当今世界各国政府共同面对的难题。

一、城市暴恐犯罪的现状和趋势

（一）国际城市暴恐犯罪现状

近年来，全球范围内的恐怖活动犯罪呈爆炸式增长。自美国“9•11”恐怖袭击事件以后，国际社会对恐怖活动保持高度紧张态势和严厉的打击，恐怖活动不但没有销声匿

* 本文是公安部现代警务改革研究所智库课题（ZK1728）“‘三股势力’网络勾联的风险分析与治理对策研究”和江苏省公安厅2017年软科学课题（2017LX005）“涉恐资金动态监控机制研究”的阶段性成果之一。

** 宫路，江苏警官学院侦查系经侦教研室主任，副教授。

*** 王雨亭，江苏省苏州市公安局吴江分局民警。

1 焦阳、宋叶根：《首都反恐：经验与应对——以城市恐怖主义为视角》，载《南方论刊》2017年第10期，第16-19页。

迹，反而呈愈演愈烈之势，骇人听闻的恐怖袭击事件相继发生，毫无收敛。[1]按当今国际暴恐事件发生地分类，以下三个区域逐渐成为暴恐犯罪的重灾区。

1. 东南亚暴恐犯罪现状

东南亚拥有大量穆斯林人口，其中印度尼西亚约有 2 亿穆斯林人，因此东南亚成为伊斯兰势力的重要输出地和根据点。[2]2002 年 10 月，恐怖组织伊斯兰祈祷团在印度尼西亚著名度假区巴厘岛发动爆炸袭击，造成数百人死伤。随后，该组织接连策划了雅加达酒店炸弹袭击事件、澳大利亚驻印尼使馆外汽车炸弹爆炸事件及巴厘岛库塔夜总会连环爆炸事件，袭击手段类似，造成数百人伤亡，给当地旅游经济的发展带来巨大打击。该系列爆炸恐怖事件，体现出伊斯兰极端主义势力正在对东南亚国家进行渗透。“9•11”恐怖袭击事件之后，美国发动阿富汗战争，“伊斯兰国”（ISIS）则加大了对东南亚地区的暴恐意识形态输出，使之成为美国继中东之后的重要反恐战场。自此，恐怖袭击的威胁如同乌云长期笼罩着东南亚。

2. 美国暴恐犯罪现状

据美国权威机构统计，1980 年后的二十年间，美国一共发生了 482 起恐怖袭击，其中 164 起与国际恐怖主义组织有关，数量惊人。“9•11”恐怖袭击事件后，美国不遗余力地进行反恐战争，但暴恐犯罪仍时有发生。例如，2017 年 10 月 1 日拉斯维加斯音乐会上的暴力枪击事件和 10 月 31 日纽约城中外籍男子驾车冲撞事件，不久之后，与驾车冲撞事件发生地仅一街之隔的曼哈顿港务局公交站又发生爆炸案。据调查，纽约两起暴恐事件的主谋均是由于看了“伊斯兰国”在社交媒介上的宣传视频与文章，不满美国强权统治，随即萌生了作案念头。

无论是“9•11”恐怖袭击事件，还是波士顿马拉松爆炸事件、外籍男子曼哈顿驾车冲撞事件，案件实施者均是由于不满美国的强权主义，发动暴力袭击以示报复决心。美国在对内控枪问题上的严重分歧和枪支管理的巨大漏洞也加剧了内外矛盾，正如当代美国思想大师乔姆斯基所说，“美国才是头号恐怖主义国家”，国家恐怖态势与国家内外政治方向密切相关。

3. 欧洲暴恐犯罪现状

根据全球恐怖主义数据库的数据汇总（见图 1）可知，2014—2015 年，欧洲的恐怖袭击次数飙升至千，欧洲面临极其严峻的恐怖主义威胁。欧洲的多元文化政策、分裂势力的影响、申根区间的自由流动等均为欧洲频频遭遇恐怖袭击埋下了伏笔。

1　梅传强、张永强：《我国恐怖活动犯罪的现状、特征及防控对策》，载《北京师范大学学报（社会科学版）》2015 年第 6 期，第 174-182 页。

2　王文俊：《论“伊斯兰国”对东南亚地区的影响、原因及对策》，载《云南社会科学》2016 年第 1 期，第 146-152 页。

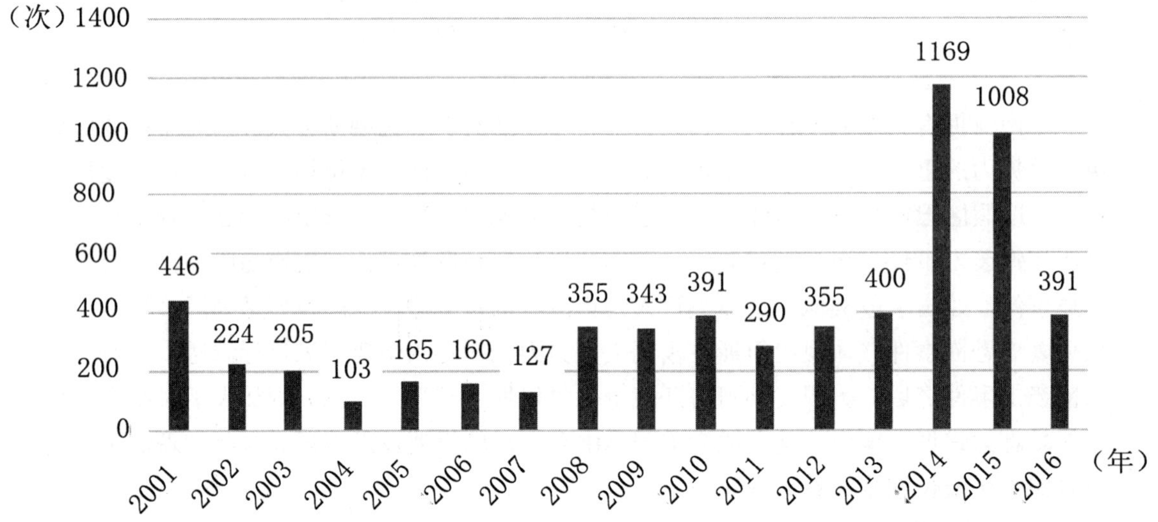

图 1 2001—2016 年欧洲遭到恐怖袭击的次数

随着国际反恐斗争的不断深入，ISIS 在叙利亚和伊拉克的地位举步维艰，“圣战”的火种逐步又散落到欧洲地区。“圣战军”采用“化整为零”的作战思想，使多数恐袭团伙“立地成型”，其规模小、行动快、调用资源较少，造成侦查难度加大。他们还募集对“圣战”有绝对忠诚信念的“圣战战士”，培养其单兵袭击的能力，能够单人策划实施暴恐袭击，使之成为“关键小头目”，随即衍生出“独狼式暴恐袭击”。仅土耳其 2016 年间发生的 18 起暴恐袭击事件中，就有 14 起事件采用“独狼式袭击”，这种作战方式给欧洲的反恐形势带来了巨大打击。

（二）我国城市暴力恐怖案（事）件

1.“3•14”拉萨打砸抢烧事件

2008 年 3 月 14 日，拉萨市区发生了打砸抢烧严重暴力犯罪事件。达赖集团有组织、有预谋地精心策划煽动，境内外“藏独”分裂势力相互勾结制造了这起事件。在这次事件中，不法分子纵火 300 余处，900 余户商铺、7 所学校、百间民房、5 座医院受损，至少 20 处建筑物被烧成废墟；有 18 名无辜群众被烧死或砍死，受伤群众达 382 人，其中重伤 58 人，拉萨市直接财产损失高达 24468.789 万元（数据来自新浪网新闻中心）。

2.“7•5”乌鲁木齐打砸抢烧严重暴力犯罪事件

2009 年 7 月 5 日 20 时，新疆乌鲁木齐街头，多名暴恐犯罪分子持械对过往路人及街边商店进行打砸抢烧。造成大量群众死伤，武警一死多伤，马路上大部分车辆及商店遭到毁损。事实表明，境外分裂势力是本次袭击事件的主谋。

3. “10•28”金水桥暴恐案件

2013年10月28日，一辆吉普车在北京天安门前长安街横冲直撞，当场造成2人死亡，40人受伤。[1]后来该吉普车径直撞向金水桥，在护栏边燃起汽油，引发熊熊大火，车内三人当场死亡。同年11月，“突厥斯坦伊斯兰党”组织表示对“10•28”天安门金水桥恐怖袭击事件负责，在其发布的视频中，该组织还扬言要继续实施恐怖袭击。[2]

4.“3•1”昆明火车站暴力恐怖袭击案件

2014年3月1日晚9时，云南省昆明市昆明火车站爆发严重暴力恐怖事件。当日，五名暴恐分子持刀砍杀无辜群众，致29人死亡，143人受伤（数据来自网易新闻）。根据调查，新疆分裂势力全程策划组织了该起严重暴力恐怖袭击案件，其从新疆辗转到昆明，体现了暴恐犯罪分子追求扩大影响、向内部渗透的趋势。

5.“4•30”乌鲁木齐火车站暴力恐怖袭击案件

2014年4月30日晚7时，新疆维吾尔自治区乌鲁木齐市火车南站发生暴力恐怖袭击案件，暴徒在站内出口处持刀砍杀群众，同时引爆爆炸装置，造成3人死亡，79人受伤（数据来自中国政府网）。据悉，两名犯罪嫌疑人深受宗教极端思想影响，最终制造了该起恐怖袭击。[3]

6. 我国暴恐势力的发展和延伸

20世纪90年代以来，以“东突”为代表的三股势力为谋求新疆独立并建立统一的“东突厥斯坦国”，发动了一系列带有宗教色彩的暗杀、爆炸等暴力恐怖事件，给人民群众的生命和财产造成了严重伤害和巨大损失。显而易见，“东突”的发展壮大与国际暴恐组织“伊斯兰国”密不可分。[4]与“疆独”组织不同的是，“藏独”组织受到反华敌对势力的支持，有着“侵略”的野心。

由于地理位置、安保能力等多方面因素的影响，暴力恐怖犯罪在我国长三角及珠三角区域等经济发达地带还未发生过影响较大的暴力犯罪事件。然而，长三角及珠三角区域是我国经济发达地区，掌握着国家经济命脉，应当时时刻刻警惕恐怖主义思潮的蔓延，注意反恐活动的常态化运行。

（三）城市暴恐犯罪的趋势

1. 暴恐犯罪现代化

2011年以来，本•拉登及大多数“基地”组织高级头目先后遭到反恐组织制裁，“基地”组织代表的恐怖主义势力遭受重大打击。与此同时，“伊斯兰国”在国际反恐势力

1　马厅：《昆明市公安机关反恐工作机制研究》，云南财经大学2016年硕士学位论文。

2　程豪：《我国意识形态安全问题研究》，北京交通大学2014年硕士学位论文。

3　楠丁：《直面暴恐，中国剑出鞘》，载《人民公安》2014年第11期，第6-12页。

4　樊有辉：《“东突”民族分裂主义与暴力恐怖主义滋生与蔓延的成因分析》，载《新疆警官高等专科学校学报》2013年第3期，第3-9页。

的打击下领土小幅缩水，但实力未遭到明显削弱。2014 年，“伊斯兰国”取代“基地”组织地位，继承并升级了由“基地”组织开创的恐怖主义现代化模式，致使国际恐怖主义稳步发展。[1]

（1）年轻人成为暴恐犯罪的主力军

相关研究表明，全球恐怖分子的平均年龄在 30 岁以下，22~25 岁的恐怖分子成为恐怖活动的主力军。因此，年轻人已经成为暴恐犯罪的主要力量。[2]

（2）恐怖主义思想渗透途径广

网络具有信息传播迅速、虚拟隐秘的特点，这使得网络不仅成为恐怖组织新的活动空间，也成为其从事宣传恐怖主义、组织恐怖袭击、招募恐怖分子、策划恐怖活动的重要工具。以 ISIS 为例，该组织有一整套精准的针对新一代的网络宣传体系，从 Instagram 到 Twitter、Facebook，以及一些中东地区主流的社交媒体，通过网络媒介的宣传，常年有数量可观的青年人误入歧途，为恐怖组织卖命。

除通过网络媒介招募成员外，据统计，90% 的网络恐怖活动都利用社交网络进行，社交平台不但成了预谋恐怖活动的“中枢神经系统”，更为极端主义的支持者与恐怖分子建立联系提供了便捷的途径。他们通过互联网和多媒体等载体，录制、直播暴恐音频、视频，教授潜在恐怖分子发动袭击的方式和手段，选择性解释宗教教义，为暴恐活动披上“宗教”的外衣借以煽动群众。开放的网络空间为网络恐怖主义活动提供了便利的渠道，通过网络社交媒介，恐怖主义不再限于少数国家和个别地区的安全威胁，而是在全球扩散，成为全球性的深远威胁。

2. 暴恐手段隐蔽猖獗

（1）暴恐袭击的时间地点选择经过周密计划

恐怖分子逐渐挑选交通枢纽、城市中心等人员流动性大、经济发达的地区实施犯罪，意图获得紧张恐怖氛围的最大化效果，以达到煽动和威胁的目的。2015 年 11 月 13 日，法国巴黎市中心发生多起枪击爆炸事件。当时，巴黎 7 个不同地点几乎同时发生恐怖袭击，其中包括闹市区酒吧、餐厅，正在进行赛事的法兰西大球场和现场演出中的巴塔克兰剧院也不幸成为袭击目标。此次袭击地点集中于闹市区，袭击方式极度暴力血腥，影响巨大。

（2）“独狼式袭击”频发

“独狼”战术发源于美国，“基地”组织首次运用，是通过布置恐怖“单兵”向“个体圣战者”转型规避侦察以打击美国本土的作战模式。西方情报机构应对“独狼”的战

1 严帅：《当前国际恐怖主义的新特征及其发展趋势》，载《现代国际关系》2015 年第 1 期，第 41-47 页。

2 储斌、陈丹宁：《论恐怖分子年轻化的历史现状与成因》，载《云南警官学院学报》2016 年第 4 期，第 47-52 页。

术仍有不少缺陷，且恐怖组织正逐渐加大“独狼式袭击”的隐蔽性，使之更难被发现。因此，“独狼式袭击”威胁极大，绝对不容小觑。“独狼”战术被恐怖组织广泛应用于恐怖袭击活动，以土耳其为例，2016 年全年影响较为广泛的暴恐袭击有 18 起，其中 14 起采用“独狼式袭击”，包括自杀式袭击及汽车炸弹等。此外，法国、德国等国也深受“独狼式袭击”之害。

3. 国际暴恐犯罪影响深远

通过传递“宗教恐怖”，最终转变为“政治恐怖主义”，披着宗教外衣谋求独立，这样的形式成为各地区恐怖分子追求的“范式”。

虽然我国发生暴恐袭击事件的频率远不如中东、欧美等国家高，但在手段、形式上呈现亦步亦趋、深度模仿的态势。国际暴力恐怖犯罪频发，引导和推动了国内恐怖主义的发展，成为恐怖分子进行恐怖活动的“精神支撑”。“疆独”分子通过收看境外势力关于“三股势力”的宣传片，坚信自己是为民族解放献身的“圣战军”，并通过社交媒体学习制作炸药，接受境外势力的操控，制造暴恐犯罪案件。反华敌对势力源源不断地“援助”，为“藏独”分子提供了实施暴恐犯罪的物质支撑和主流暴恐组织的先进理论知识，致使我国分裂势力紧跟国际暴恐潮流，呈现出一定的国际格局。

当前的恐怖袭击还呈现“碎片化”趋势，即恐怖袭击表现形式呈现单兵作战、多点爆发的趋势。我国经济在近年来取得突飞猛进的增长，城市人口密集，重要基础设施分布紧凑，公私建筑广布，系统安全难免有疏漏，具有聚集性、脆弱性和敏感性。反恐战争信息严重不对称，系统薄弱的区域易成为暴恐分子的首要目标。

二、城市暴恐犯罪相应对策

（一）构建信息情报网络，加强反恐预警

为预防和打击恐怖主义，收集并研判有关恐怖主义的人、组织、事件等信息，是反恐情报的应有之义。[1] 反恐情报隐藏于公共信息之中，大量混乱、无序的数据减少了相关情报间的联系，情报间的关联度被大大降低，情报价值难以挖掘。

大数据在反恐情报方面的应用，主要在于反恐情报分析模型的研发。每一类犯罪都有一种或几种相对固定的行为模式，根据该模式进行建模，从而实现对整体犯罪趋势或个别犯罪的预测。根据城市暴恐犯罪的特征，总结出城市暴恐犯罪的行为模式并建立模型，放置在已有的警务公共信息数据库中，筛选、过滤出相关信息。由信息熵理论可知信号源的信息熵量与其所发出信号的概率呈负相关，也就是说，当警方对恐怖袭击事件

1　瞿志凯、张婷：《基于大数据的反恐情报数据仓库体系结构设计》，载《情报杂志》2016 年第 2 期，第 30-36 页。

获得的信息十分有限时，为了充分了解恐怖袭击事件，需要补充信息数量。对于反恐预案的制定，公安机关需要大量数据情报来支撑。

安全情报部门要从三个方面加强情报工作：一是拓宽情报信息网络，共享公安部门各警种及军队、边防、民航、铁路交通、金融部门获得和采集的信息，在社会的各个领域和不同层次建立全面、立体、反馈迅速的情报信息网络。二是加强对情报信息的分析研判，追查情报线索，提高情报信息的含金量。三是将反恐情报信息汇编成网，联合情报收集过程中相关配合部门进行协作和交流。此外，各反恐部门、反恐小组应当建立事件全过程的应急预案，落实责任，加强预案演练，即便发生恐怖袭击也能做到心中有数、心中有底。

国际反恐联盟正在逐渐形成，我国应当把握这一有利时机，推进国际反恐合作。首先，应当加强信息共享，坚持与各国反恐部门建立合作机制，加速推进区域反恐机制建设；其次，应当持续跟踪国际暴恐袭击手段的演变，推进国内反恐战略的研究，以国外先进反恐理论武装自身；最后，应引导反恐合作更加重视网络媒介，构建反恐网络信息共享平台，第一时间分享信息、制定反恐预案[1]（见图 2）。

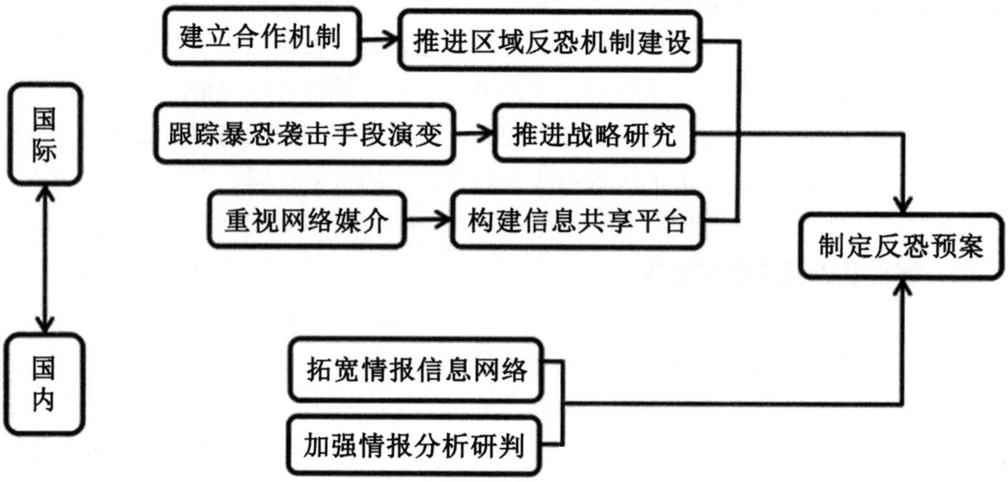

图 2 反恐预案制定流程

（二）推进反恐数据库建设

只有掌握了足够的情报，让情报信息引领主导社会发展，才能使我国在反恐战役中处于主动地位。反恐数据库的建设与加强反恐经验的总结，使我国反恐思维超前于反恐实战，这样才能更好地服务于实战。国际上主流国家的反恐数据库大致分为两大类：详

1 谷宁：《国际暴恐形势新变化及其影响》，载《理论视野》2017 年第 5 期，第 84-88 页。

细记录暴恐事件的事件库和以恐怖分子人员名单及其关系网络为主的人员库。以美国为例，美国联邦调查局分支恐怖分子筛选中心负责管理一个大型恐怖分子人员数据库。数据库由多部门编制名单，包含确定的恐怖分子、涉嫌与恐怖主义相关的人、在某种情况下与恐怖分子或恐怖分子有关系的人或其同伙。随着数据库不断被充实，美国恐怖分子的人员关系网络将一览无余，在检测嫌疑恐怖主义人员方面轻而易举。美国斯坦福大学的全球恐怖主义数据库记录了 1970—2016 年 46 年间全球各地包括中国发生的恐怖袭击信息，迄今已超过 15 万件，并且数据还在不断增长中。据此，情报分析人员可以描绘出暴恐袭击的二维分析图，包括地理图表、人员构成图表等，形成恐怖事件的相应预警。

我国应当汲取美国反恐数据库的建设经验，立足于全球视角，推进建设国际一流的、包含暴恐事件信息和暴恐分子人员信息的综合型反恐数据库。第一，加强与国际相关先进数据库的合作，进行数据交流和共享，从而拓宽自身数据库资源。加强与政府和研究机构的合作，增强数据库的科学性，缓解公安部门压力。第二，应当培育专业数据库信息建设人员，成立相应的组织管理机构，对数据库信息建设人员进行严格培训，确保反恐数据库的高效有序运作。第三，拓宽信息源，将广泛的社会信息电子化并存储至政府各部门平台。政府应当授予反恐数据库最高的数据使用权限，促进反恐数据库情报收集人员进行数据检索和整合，时刻更新反恐数据库信息。反恐数据库运作流程（见图 3）。

（三）强化专业队伍建设，加强公共管理

城市政府要保障反恐物质支撑，要长期将反恐工作作为财政预算安排之一。制定反恐管理、预警、保障、处置、评价机制，形成反恐机制良性运转。[1]要组建专门应对恐怖袭击的队伍，持续培训以提高反恐队伍的执法能力。[2]民警要将业务训练，尤其是模拟处置暴恐犯罪训练常态化，提高单警的作战能力。[3]在专业化教育和日常训练中加强反恐战术指挥的训练。[4]装备国际一流的高精尖反恐侦察设备，加强武器使用培训，提高反恐队伍的武器装备水平和反恐战斗力。

公安机关要通过加强对公共秩序、特种行业、枪支弹药及其他危险品的管理，做好重点人员和违禁物品的管控工作，消除潜在不安定的因素，保障人民的安全。[5]在高效系统的管理体制上，建立协调机制，保证信息传达通畅，维护城市反恐信息传递。

（四）加强舆论导向控制，防范恐怖宣传

1　李熙然：《上海合作组织反恐机制研究》，东北师范大学 2013 年硕士学位论文。

2　孟璐：《略论我国反恐怖法中反恐侦查体系的构建》，《载河南警察学院学报》2014 年第 5 期，第 119-122 页。

3　夏一雪：《应急预案建设关键因素及实现路径研究》，载《消防科学与技术》2014 年第 3 期，第 340-342 页。

4　《中国反恐学历教育刚起步》，载《人民公安》2014 年第 13 期，第 29 页。

5　林维业：《论公安机关在平安建设中的地位与作用》，载《政法学刊》2013 年第 6 期，第 89-93 页。

政府机关应该加强反恐教育宣传，提高公民的恐怖防范意识。[1]对于暴恐事件的报道与宣传，建立健全暴恐事件报道应急机制，浅层表象与深度挖掘报道相结合，注重传统媒体与新媒体的互动融合。主动掌握舆论领导权，公开、透明及主动地向新闻媒体公布事发经过，让民众及时、尽快地了解案件信息，做好防备工作，不给“幸灾乐祸”者以“煽风点火”的机会。在事件定性、表态、措辞和责任方面，政府官方应当出言谨慎，不急于与民众议论正面碰撞。根据舆情强度、传播态势，选择适合的“时间窗”，以适当的节奏发布信息，以免激发逆反情绪。

在恐怖事件调查处置完毕后，媒体应当对反恐舆情进行“强降温”，相关部门对确有责任的单位和个人坚决依法依规进行处理，追击在舆论引导过程中少数寻衅滋事、造谣传谣的人，删除不实信息，确保后续真实信息顺利占领舆论主流之地。

1 王宏伟：《我国治理恐怖主义必须处理好的重要关系》，载《新疆警察学院学报》2017 年第 1 期，第 4-9 页。

善用“和”的哲学智慧建设和谐公安文化

陈 波* 陈 健**

摘　要：“和”的思想是中国优秀传统文化的精髓，是中华民族一脉传承、始终维系的精神纽带、生命信仰和思维基础。挖掘传统文化基因，重寻传统文化源泉，汲取传统文化精华，建设强大、和谐的公安文化，已成为公安队伍建设的重要课题。我们要贯彻落实习近平新时代中国特色社会主义思想，坚持以中华优秀传统文化“和”的哲学智慧作为建设和谐公安文化的支点，进一步加强公安文化基础建设，夯实并提高警营文化软实力，积极兴起公安文化建设的新高潮，凝聚起公安机关、公安队伍团结一致、护航发展最磅礴的力量。

关键词：“和”的哲学智慧　公安文化　公安队伍建设

公安机关是维护国家安全、服务经济发展、保障社会稳定的专门力量，强大的公安文化建设具有广泛的辐射力，既是公安民警践行“以人民为中心”发展思想的“助推器”，又是激发公安民警干事创业激情的“催化剂”。自古以来，中华民族就讲究为人谦和、家庭和睦、为政仁和。“和”的思想是中华民族一脉传承、始终维系的精神纽带、生命信仰和思维基础。“和”的思想所体现出来的是中华民族强大的民族向心力和生生不息的生命力。如何挖掘传统文化基因，重寻传统文化源泉，汲取传统文化精华，建设强大和谐的公安文化，进一步提升公安队伍凝聚力、向心力和战斗力，已成为公安队伍建设的重要课题。这既是时代发展的需要，也是公安队伍建设的需要。

一、“和”字所蕴含的哲学智慧

“和”字在中国经历了几千年的文化洗礼，其含义源远流长、博大精深、底蕴深厚。和谐、和睦、和善、和顺、和平，和实生物、和而不同、以和为贵、和衷共济……这些都是中华民族的优良品格。在2008年北京奥运会开幕式上，表演者用887块活字印刷

* 陈波，广东省湛江市公安局指挥中心调研综合科科员。

** 陈健，广东省湛江市公安局指挥中心调研综合科科员。

盘变换出 3 种不同字体的“和”字，演绎了中华优秀传统文化的发展历程，经典地再现了中华文化悠久的历史意蕴，深刻地表达了中华文化浓厚的人文理念。

“和”的哲学思想在中国传统文化和现代文化中均占据着十分重要的位置。“和”既是儒家学说所特别倡导的伦理、政治和社会原则，又是中国传统文化的智慧结晶和最高境界。在中国思想文化发展史上，关于“和”的论述浩如烟海。“和”在不同的历史时期被人们赋予不同的内涵，但不管怎样演变，“和”的哲学思想始终为中华民族所传承、发扬、发展，始终充满着浓浓的人文情怀，始终充满着辩证唯物主义和历史唯物主义的世界观和方法论，始终充满着对立统一、否定之否定的辩证法魅力。

“和”的哲学思想作为中国优秀传统文化的精髓，折射出许多深刻的哲理、深邃的哲学智慧和发人深省的为人处世理念。这些哲理、智慧和理念对我们建设和谐公安文化具有非常重大的促进作用和积极意义。当下，“和”的哲学思想犹如春风拂面般悄然进入公安工作的各个领域。在公安队伍建设中，我们提出了“文化育警”的理念，大力提倡“文明、平和、理性”执法，大力提倡以文载道、文以育警，这是“和”的哲学思想在公安文化建设的新变化、新发展。

“和”的哲学思想在当代中国也有很多新的发展和演绎。例如，中国提出的合作共赢、构建人类命运共同体、“一带一路”倡议等，就为世界各国和衷共济、互利共赢、共同发展提供了中国方向、中国方案、中国智慧，深刻反映了人类社会的共同价值追求，汇聚了各国人民对和平、发展、繁荣向往的最大公约数。这些理念始终深深植根于中华民族对和平、和睦、和谐的追求，深深融化在中国人民的血脉中，是中华民族“天下太平”“以和为贵”等“和”的思想的代代相传。

二、善用“和”的哲学智慧建设和谐公安文化的必要性

党的十九大报告中指出：“文化是一个国家、一个民族的灵魂。文化兴国运兴，文化强民族强。没有高度的文化自信，没有文化的繁荣兴盛，就没有中华民族伟大复兴。”文化自信，是更基础、更广泛、更深厚的自信，是更基本、更深沉、更持久的力量。在几千年的历史演变中，中华儿女培育和发展了独具特色、博大精深的中华文化，为中华民族生生不息提供了强大的精神支撑。公安文化建设是“文化强国”建设的重要组成部分，也要汲取中华优秀传统文化的养分。我们要深入挖掘、整理、善用中国历史上优秀的文化资源，以更长远、更开放、更具前瞻性的眼光来加强公安队伍建设，坚持用文化的力量激发全警创新、创造活力，激励全警昂扬向上、砥砺奋进，更好地构筑公安精神、公安价值、公安力量，为公安工作不断向前发展提供指引。

（一）善用“和”的哲学智慧建设和谐公安文化，是贯彻落实习近平新时代中国特色社会主义思想的重要实践

党的十九大报告概括和提出了习近平新时代中国特色社会主义思想，将其确立为党必须长期坚持的指导思想并写进党章，实现了党的指导思想的与时俱进。习近平新时代中国特色社会主义思想，是马克思主义中国化的最新成果，是党和人民实践经验和集体智慧的结晶，是中国精神的时代精华，是国家政治生活和社会生活的指针。在当代中国，坚持习近平新时代中国特色社会主义思想，就是真正坚持中国特色社会主义理论体系，就是真正坚持马克思主义。历史的车轮滚滚向前，只有与历史同步伐、与时代共命运，我们才能奔向更加光明的未来。我们用“和”的智慧建设和谐公安文化，实质上就是践行习近平新时代中国特色社会主义思想，紧跟时代发展步伐，自觉用先进理论武装头脑、推动工作、指导实践，切实打造一支正规化、现代化、职业化的高素质公安队伍，更好地维护社会稳定，更好地服务经济社会发展。

（二）善用“和”的哲学智慧建设和谐公安文化，与实现亿万中华儿女的中国梦的目标是一致的

实现中华民族伟大复兴，是近代以来中华民族最伟大的梦想，是激励中华儿女团结奋进、开辟未来的精神旗帜。习近平总书记指出，中国共产党人的初心和使命，就是为中国人民谋幸福，为中华民族谋复兴。进入新时代，我们比历史上任何时候都更加接近、更有信心、更有能力实现中华民族伟大复兴的目标。但在伟大复兴的新长征路上，来自国内外的敌对势力正在加紧实施渗透和破坏活动，社会治安形势将更加复杂多变，人民对美好生活的需要也将更加多元化，必然对公安工作提出新的更高要求。公安机关是党和人民手中的“刀把子”，是实现中国梦的重要保障，任何时候公安机关都要坚持公安姓党的根本政治属性。这是公安工作的根本，离开了这一条，公安工作就失去了方向、失去了根基。我们用“和”的智慧建设和谐公安文化，从根本上来讲，就是要通过文化的力量，凝聚全警的智慧和力量，攥指成拳，更好地维护政治大局和社会治安大局“两个大局”的平安稳定，进一步激荡出推动实现中国梦的磅礴力量。

（三）善用“和”的哲学智慧建设和谐公安文化，是公安队伍建设的内在要求

“国民之魂，文以化之；警察之魂，文以铸之。”文化是一种更深层次的内在力量，通过文化的熏陶，可以在无形之中陶冶和提升警察的修养和素质，促进警察的全面发展。公安文化是公安队伍建设的核心，是公安工作的灵魂，对凝聚警心、激励斗志、陶冶情操、树立形象有着不可替代的作用。加强公安文化建设，打造过硬公安队伍，需要优秀文化的滋养，需要伟大精神的孕育，这是公安队伍建设的内在要求。中华优秀传统文化是中华民族的根和魂，是最深厚的文化软实力，是中国特色社会主义植根的沃土，是我们在世界文化激荡中站稳脚跟的根基。[1]我们用“和”的哲学智慧，建设和谐公安文化，塑造公安队伍的品格魅力，必须汲取中华传统优秀文化的基因，用其精华滋养公安队伍

1　中央宣传部：《习近平新时代中国特色社会主义思想三十讲》，学习出版社 2018 年版，第 206 页。

的精神世界，提振广大民警的精神力量，让公安队伍更听党指挥、更善于作为、更能打硬仗。

三、善用“和”的哲学智慧建设和谐公安文化

“和”作为中国文化的特征向量，所蕴含的哲学道理、道德伦理内涵丰富、发人深省，引领着中华民族在人类文明的历史长河中奋斗不止，为中华民族生生不息、发展壮大提供了强大的精神支撑。习近平总书记指出：“不忘本来才能开辟未来，善于继承才能更好创新。”在走进新时代的今天，我们贯彻落实习近平新时代中国特色社会主义思想，更应深入继承和挖掘中华文化讲仁爱、重民本、守诚信、尚和合、求大同的时代价值，以更深邃、更广阔、更长远的眼光来阐释和构建和谐公安文化，不断增强公安文化自信和价值观自信，并以此为支点，辐射推动全部公安工作迈上新的台阶。

（一）以“和”的哲学智慧为支点，着力培育公安民警的正确价值观

“和”的哲学思想发展到今天，提出的一个非常重要的概念就是 “和谐社会”。它浸透了诸子百家、古哲先贤的大智慧、大视野、大功德、大爱、大慈、大气，是“和”的思想在当代最直观的体现，也是当代中国社会的共同价值取向。“一个民族、一个国家的核心价值观必须同自身的历史文化相契合，同自身正在进行的奋斗相结合，同自身需要解决的时代问题相适应。”[1]党的十八大以来，我们坚持倡导富强、民主、文明、和谐，自由、平等、公正、法治，爱国、敬业、诚信、友善的社会主义核心价值观。社会主义核心价值观把国家、社会和个人三个层面的价值要求融为一体，是当代中国精神的集中体现，凝结着全体人民的共同价值追求。党的十九大报告中指出，培育和践行社会主义核心价值观，要以培养担当民族复兴大任的时代新人为着眼点。面对新时代新要求，公安机关想要落实好这一重大战略任务，必须强化教育引导、实践养成、制度保障，充分发挥人民警察核心价值观的引领作用，使之融入公安工作的方方面面，转化为全体民警的情感认同和行为习惯。一要以培养担当民族复兴大任的时代新人为着眼点。公安民警的职业道德既受社会道德的制约，又具有鲜明的行业性和独特性。要进一步探索把握公安领域培育时代新人的标准和要求，把培养“什么样的价值观”和“培养什么样的公安民警”结合起来，不断深化人民警察核心价值观建设，确立人人皆知、普遍奉行的道德规范和行为准则，弘扬人民警察时代精神，构筑忠诚警魂，更好地担当起民族复兴大任。二要把人民警察核心价值观全方位贯穿、深层次融入。“任何一种价值观在全社会的确立，都是一个思想教育和社会孕育相互促进的过程，都是一个内化和外化相辅相成的过程。”[2]

1 中央宣传部：《习近平新时代中国特色社会主义思想三十讲》，学习出版社 2018 年版，第 196 页。

2 中央宣传部：《习近平新时代中国特色社会主义思想三十讲》，学习出版社 2018 年版，第 197 页。

要立足中华优秀传统文化，从中汲取丰富营养，使其始终成为涵养人民警察核心价值观的重要源泉。要把公安文化建设，作为队伍建设的重要内容，作为民警筑牢忠诚警魂、锤炼从警初心的夯基工程，让民警的个人才华和个人价值得到更好彰显。要将引导广大民警树立正确的世界观、人生观和价值观，贯穿于公安队伍建设的全过程，融入党的建设、教育培训、执法办案等各环节，潜移默化地增进民警对社会主义和人民警察核心价值观的认同和践行。

（二）以“和”的哲学智慧为支点，着力提高公安机关领导干部的文化品位

“和”的哲学思想作为传统文化的精髓和精华，所折射的为人处世的理念，任何时候都是我们学习践行、修身养性、提升品位的宝贵财富。“一个国家、一个民族只有对自身文化理想、文化价值充满信心，对自身文化生命力、创造力充满信心，才能坚持坚守定力、奋起奋发的勇气、创新创造的活力。”[1]公安机关文化建设的信心来自哪里、底气是什么？归根结底，一方面来自自身的建设，另一方面来自深厚文化底蕴的滋养。要持之以恒地做到有信心、有底气，有定力、有创新、有活力，需要全体公安民警同心戮力、同心同德，齐参与、共推进。加强公安文化建设，最关键的还是要抓住领导干部这个“关键少数”，形成“头雁效应”。从这个意义上讲，各级公安机关领导干部就是公安文化建设的引领者和总设计师，承担着公安文化建设中不可或缺的重要职责。“打铁必须自身硬”，要做好引领者和总设计师，首先自身要强，如此方可服众、方可运筹帷幄。所以，提高公安机关领导干部的文化品位势在必行，也是大势所趋。一是公安机关领导干部必须不断学习、不断充电，提高自身素质。做领导干部，本领恐慌是最大的恐慌，必须更加注重自身品质的培养和塑造，树立起“终身学习”的理念，努力做到“在学习中工作、在工作中学习”，不断强化个人综合素质，与时俱进。要深入汲取传统文化的优秀基因，立足政治素质、理论素质、科学文化素质、身体素质、心理素质，练好内功、修身养性，提高智商、拓展情商，不断加强自身形象的培养与塑造，切实打造一副好的铜筋铁骨。二是公安机关领导干部要率先垂范，唱响“向我看齐、跟我进步”的时代旋律。在公安文化建设中，公安机关领导干部的作用非同小可，有什么样的领导就有什么样的兵，有样学样是人类社会发展进步的最初定律。公安机关领导干部的性格、气质、人格、思想、作风、处事方式、处世态度、管理能力、业务水平、艺术形象等，时刻都放大在民警的眼里、集中反映在民警的心中，很容易成为民警的模仿对象，所谓上行下效就是这个道理。因此，公安机关领导干部在工作、生活中要率先垂范，做好榜样、带好头，积极践行谦和、和为贵、和睦相处的处世原则，树立良好的个人形象、提升自身的人格魅力，潜移默化地用言行去感染带动身边的人，引领身边的青年民警志存
升自身的人格魅力，潜移默化地用言行去感染带动身边的人，引领身边的青年民警志存

1　中央宣传部：《习近平新时代中国特色社会主义思想三十讲》，学习出版社 2018 年版，第 195 页。

高远、脚踏实地、奋勇拼搏，积极践行社会主义核心价值观和人民警察核心价值观。

（三）以“和”的哲学智慧为支点，着力加强公安管理文化建设

“和气”“调和”是“和”的哲学思想中一个非常重要的方面。大到国与国之间的外交，小到团体的协作、人与人之间的相处，实质上都是一个不断调和的过程，最终都是为了达到“和合共生”、共同发展进步之目的。公安管理文化也不例外，它既是公安文化的骨架，也是公安机关警务管理活动正常开展的重要保证，更是和谐公安文化建设不可或缺的内容。管理的过程，实质上就是“和”的哲学思想中 “调和”的理念。管理得好、调和得当，公安队伍就会像一个和谐的大家庭，心往一处想、劲往一处使，共同努力，协作高效；管理不好、调和失当，公安队伍势必像一盘散沙，各自为政，难有大作为。在中国特色社会主义进入新时代的今天，在公安工作迎来新的历史起点的今天，坚定文化自信，汲取文化精华，着力加强公安管理文化建设，公安队伍必将更加“和气”，社会治安必将更加“调和”。一要树立规则意识。公安队伍是一支纪律部队，坚持铁一般的规则、铁一般的纪律是这支队伍得以保持忠诚纯洁的生命线。应当自始至终向民警灌输规则意识，加快构建体系完善、运行顺畅、机制完备的队伍管理模式，让法律法规、纪律条例成为管警治警的天然法则。二要注重教育培训。现代公安管理的核心是对民警的教育，管理成功与否也在于教育。使用强制手段固然是教育管理方式的一种，不可或缺，但往往温和的教育管理比强制更有效果。只有让民警从根本上认同管理、理解管理，管理才能更加顺利地进行。三要高举激励之旗。激励是激发和调动人的积极性的关键，是创新、创造的催化剂。在管理领域，激励始终是管理学中最为提倡的管理手段。要使公安民警始终保持奋发有为的工作状态，首先要解决民警的获得感问题，核心是使民警愿意做能够得到补偿的事情。要树立以人为本、以民警为中心的内部管理理念，充分利用好立功受奖、评先评优、绩效考核等各种物质和精神激励，全方位调动广大公安民警的工作主动性和积极性。四要加强监督警示。“和”的思想强调要“得当”，那么怎样才是“得当”？不碰纪律的红线，不触法律的高压线，规规矩矩做人、老老实实干事，就是“得当”。但“得当”并不是天生而来的，再好的木头，也要做好防虫防蚁措施。党的十九大后，国家监察委员会成立，这是我国政治体制的一个重大变革，也标志着国家监察体系的逐步完善。要把监察的“利剑”始终悬挂在公安队伍和公安民警的头顶，进一步发挥驻局纪检组和督察部门的力量，不断加强对公安机关及其民警的监督警示，让不敢腐、不想腐、不能腐成为新时代的新常态。

（四）以“和”的哲学智慧为支点，着力打造公安队伍新形象

如果说前文论述的加强公安管理文化建设是对“内”的，那么打造公安队伍新形象就是对“外”的。内外兼顾，才能包容并蓄，才能“以和为贵”“和衷共济”“和实生物”“天下太平”。公安工作之最终目的，无非就是消除犯罪、铲除邪恶、服务人民、实现和谐。公安民警来源于群众，植根于群众，与人民群众绝不是对立的。当然，当前

网络舆论监督的作用不断加强，公安工作也更加透明化和公开化，公安执法环境愈加复杂化，我们在做大建强内在的同时，外在的形象也要塑造好，这样才能最大限度地争取群众的理解与支持，得到群众拥护。要善于将“和”的思想与公安文化建设结合起来，把“和”的思想所主张的公平公正、理性和平体现在公安文化建设中、体现在公安队伍形象上。一要着力提升公安队伍整体素质。公安民警的整体素质代表着公安队伍的整体形象，提升公安队伍的整体素质是树立公安队伍新形象的根本因素。要坚决按照“对党忠诚、服务人民、执法公正、纪律严明”的总要求，坚持和谐文明理性，进一步提升全体公安民警的综合素质，着力建设一支政治坚定、作风优良、技精业强、纪律严明的公安队伍，真正让公安队伍成长为一支为民服务的铁军劲旅、正义之师。二要着力加强公安象征标志应用。公安象征标志包括警徽、警衔、警服、警车、警灯等。这是人民警察与其他职业最明显的区别，也是公安执法权威的体现。当前，社会上时有出现盗用公安象征标志进行一些违法勾当的行为，极大败坏和丑化了公安队伍的形象。因此，必须加强对公安象征标志的管理，依法依规使用公安象征标志，严厉打击盗用公安象征标志的违法犯罪行为，切实维护好公安象征标志的权威性，让人民群众一看到公安象征标志，心中就有安全感、亲近感。三要着力突出公安行业特色。想要塑造良好的公安形象就要时刻突出公安机关及其人民警察的行业特色和职业特色。人民群众最关注的，往往就是公安机关最具特色的地方和最应该改进提升的地方。要坚持以人民为中心的发展理念，从群众最关心关注的地方着眼，大力挖掘公安机关行业内涵，打造公安品牌特色。例如，在执法过程中，民警的执法方式、执法态度；在执勤过程中，民警的言行举止、服务态度；在日常办事过程中，民警的穿着打扮和办公环境的布置；在对外沟通宣传时，采用的方式、方法等。四要着力加强与媒体的沟通。“以和为贵”是一个双向的过程，追求的是“和衷共济”。公安机关要实现与群众零距离、与群众“和衷共济”，除了要做好打防管控等工作之外，还必须加强与群众的沟通和交流，大力争取社会各界群众的理解与支持。要树立“大公关”意识，构筑起“对内注重舆论引导，对外注重舆论宣传”的公关体系，始终把与新闻媒体沟通提到战略的高度，全警公关，全警宣传，协调好与媒体的关系，善用媒体宣传好公安工作，讲好警察故事，发好公安声音，树立公安良好形象。

基于泰勒科学管理理论的辅警管理战略思考

陈振华*

摘　要： 基于泰勒科学管理理论，辅警队伍规范化管理应当实现“四化”，即规范化、信息化、人本化、生态化。苏州市对辅警的法律地位、招录方法、用工要求、日常培训、考核奖励、层级晋升、工资福利等做了明确的规定，实施对辅警队伍的分层分类管理，将岗位分为技术类、文员类、执勤类和特勤类，建立分级工资标准，调整层级补贴，规范辅警职务序列，拓宽了辅警职业发展空间。科学管理辅警队伍，使其充分发挥积极作用，必须贯彻以人民为中心的发展思想，顺应我国公安改革趋势，解决辅警的地位问题、待遇问题和出路问题。

关键词： 泰勒科学管理 辅警队伍 战略管理

随着我国城市化进程的不断推进，城市人口密度越来越大，人口流动性日趋增强，城市治安状况呈现复杂化趋势。在警力编制难以突破的情况下，为应对这一问题，将警务辅助人员（以下简称辅警）作为辅助人民警察维护社会治安的力量，以缓解警力不足，更好地维护社会和谐稳定，是可行而且必要的。辅警在维护社会治安中的作用日益显著，但辅警毕竟不同于人民警察，既没有独立的执法权，也没有全国统一的制服，部分辅警的法治意识、法治观念和业务素养也有待提高，个别辅警以权谋私、违法乱纪的现象时有发生。因此，加强辅警队伍的科学管理，不断推进辅警队伍规范化、正规化建设，非常重要，且十分有必要。

一、泰勒科学管理理论对辅警队伍管理的启示

弗雷德里克·泰勒被尊称为“科学管理之父”，他的《科学管理原理》开创了管理新时代。作为现代管理学的第一个管理思想流派，“泰勒制”对后世的管理学说有着极其重大的开创及奠基意义，其许多管理方法至今仍在具体管理（包括辅警队伍的日常管理）中发挥着重要的作用。

* 陈振华，江苏省苏州市警察协会工作人员。

泰勒的科学管理一直是管理学的支柱，“泰勒制”更是现代管理的标志。“泰勒制”的目标并非简单地提升工厂生产的效率，而且要达到工厂内部“人—机”关系的和谐及劳资双方的共赢。其标准和管理要求：第一，工作效率和工作定额管理。通过实验，研究工人每个动作所需要的时间，简化工作步骤，改进生产工具，制定工作定额，使劳动生产率能够得到最大提高。第二，科学选人用人。为每项工作挑选最合适的工人，将那些不能胜任本职岗位的工人调整到其他岗位上，通过科学的培训，将简化的工作步骤传授给每位雇工，培养出最一流的工人，以达到每一生产线上的效率最大化。第三，标准化管理。对使用的工具、工作的方式方法都进行标准化管理。管理者需要意识到员工也是有需求的个体，所以管理者应运用马斯洛需求层次理论进行分析，在提高效率的同时也要改善工人的收益。第四，差别计件工资制。实行有差别的计件工资制，对于在规定时间内按照标准化方式生产并完成任务的工人给予较高工资。这一制度尤其区别于计时工资制，工人为了自身利益采用“磨洋工”的方式来对抗管理者的问题能得到有效解决。第五，把计划职能和作业职能分开。管理人员要发现工作中的规律，并且要传授工人最便捷的工作方法去完成任务，使每位在生产线上的工人都能受益。企业的生产效率提高了，工人的待遇也会得到保障。

基于泰勒科学管理理论，辅警队伍规范化管理应当实现“四化”，即规范化、信息化、人本化、生态化。

（一）辅警队伍规范化管理

一方面，完善招录制度。细化招录办法，逐步到各岗各位，分别从学历、年龄、体力等方面考虑对每个岗位有不同的要求，还应当考察对环境的适应能力、心理承受能力、基本素质和个人品行。在面向社会公开招聘时，应择优录取，接纳更多真正愿意投入辅警工作的人员，把好“入口关”。另一方面，完善辅警法规和管理制度。通过专门立法使辅警队伍合法运作并日趋完善是通行做法，也可以参照人民警察的有关管理制度，结合本地实际情况，制定可行的《警务辅助人员管理规定》等相应的管理制度，对辅警定岗定责，从而有效避免职责不清、互相推诿的现象。

（二）辅警队伍信息化管理

信息化条件下的机制建设是警务现代化的重要内容，也是提升辅警工作效能的重要路径。例如，苏州市公安局开发的警务辅助人员信息管理系统和辅警绩效考核系统，都是利用信息化手段提升管理效能的有效途径。一方面，进一步保持警务辅助人员信息管理系统数据的新鲜度。根据要求，涉及辅警人员调动、离职和人员招录等方面的，信息上报要全部在信息管理系统中操作完成。另一方面，进一步发挥辅警绩效考核系统的杠杆作用。在管理学中，量化指标是基本要素，也是最有效的管理。

适度的工作压力会提高个体的工作热情和积极性，以实现自我价值、获得成就感。应抓住辅警渴望实现个人价值这一要点，强化竞争激励机制，使考核结果能真正反映具体工作量，使每名辅警都明白每天的目标任务和实际工作效果，将辅警日常工作量化后进行统计考核，切实发挥指标的考核导向作用，并强化数据及时录入的意识，提升辅警队伍的工作效能和管理水平。

（三）辅警队伍人本化管理

一是注重思想引领，思想政治教育是增强辅警队伍凝聚力、提高战斗力和顺利完成各项工作任务的重要保证。在价值多元化背景下，公安机关应加强教育引导，建立政治学习制度，开展辅警核心价值观讨论等活动，夯实辅警的理想信念基础，不断激发辅警的工作干劲和创造热情，有效提升辅警的民本理念和奉献意识。二是注重警队团结，辅警队伍是公安队伍的重要组成部分。辅警队伍管理的好坏直接关系到公安工作的效能和整体队伍的形象，要充分认识到民警和辅警是战友关系，民警与辅警应相互尊重、彼此信任。可以建立民警、辅警恳谈小组，让民警倾听辅警的心声，听取辅警的意见，有针对性地加强思想引导和心理疏导，从而建设和谐警队。三是注重警营文化，倡导和吸引辅警共同参与公安文化建设，充分挖掘、培养辅警队伍中的各类人才，发挥他们的特长。

（四）辅警队伍生态化管理

首先，公安机关要坚持以人为本的理念，把最大限度地调动辅警的工作积极性、主动性、创造性作为辅警队伍生态化管理的核心和目标。其次，公安机关要提升辅警各方面的素质，充分利用警内外教育资源对辅警进行教育培训，并不断增强教育培训的针对性和有效性，在辅警队伍中培养各类人才，激励辅警人才争先创优。最后，科学完善奖励制度，确保辅警的工作业绩与物质奖励相挂钩，通过正向的激励机制，充分调动辅警的工作积极性，激励辅警全身心地投入警务工作。

二、推进辅警队伍科学化管理的战略思考

战略需从全局考虑以谋划实现全局目标。警务战略是公安机关从警务工作的全局考虑以规划实现警务工作的全局目标。

《中共中央关于深化党和国家机构改革的决定》为未来 5 到 10 年中国机构改革和人事制度改革绘制了蓝图、指明了方向。公安机关警察队伍职业发展要依照规范进行，辅警队伍需要整顿和改革，各地积极开展辅警管理的建设工作。江苏省苏州市公安局的辅警管理工作开展得比较早。2012 年 7 月 1 日颁布的《苏州市警务辅助人员管理办法》就对辅警的法律地位、招录方法、用工要求、日常培训、考核奖励、层级晋升、工资福利等内容进行了明确和规范。自 2016 年起，苏州市公安局积极争取苏州市党委政府的支持，全面实施了辅警分层分类管理制度，将其岗位分为技术类、文员类、执勤类、特勤类四大类，将原有的“四档八级”调整为“十档十级”，建立分级工资标准，调整层级补贴，增加技术类岗位工资，调高外勤岗位补贴和中夜班津贴标准；规范职务序列，

并新设立辅警中队长、副中队长、分队长、小组长四类职务，拓宽职业发展空间。三年来，苏州市共评选辅警岗位标兵 422 人、岗位能手 775 人。近年来，全市共有 178 名辅警考上了公务员、事业编制，其中 40 人通过人民警察招警考试；共有 869 人被推荐至镇、村相关部门任职。仅 2017 年，苏州市辅警协助破获刑事案件达 2.6 万余起，协助抓获犯罪嫌疑人近 3 万名，挽回经济损失 1948 万元，调处矛盾纠纷 10 万余起。

科学管理辅警队伍，使其充分发挥积极作用，是顺应我国公安改革趋势的必然要求。

（一）必须贯彻以人民为中心的发展思想

习近平总书记指出："人民为中心的发展思想，不是一个抽象的、玄奥的概念，不能只停留在口头上、止步于思想环节，而要体现在经济社会发展各个环节。"这就告诉我们，必须把以人民为中心的思想在认识与实践、思想与实际内在地统一到经济社会包括辅警队伍管理建设中来。

（二）辅警队伍规范化建设的战略规划与实施

战略不是站在今天看未来，而是站在未来看今天。换句话说，预测未来可能会有多种预测结果，每种结果都有概率发生。如果以未来的视角审视当下，就应该在当下决定做让未来不会后悔的事。辅警队伍已是一支当前公安机关不可或缺的队伍，要建设正规化的、适应新时代警务战略需要的、具有高度自信的辅警队伍，使辅警科学管理工作提升到新高度，就要高度重视辅警队伍建设，从地位、待遇、发展及出路等方面着手，分三步走，逐步解决辅警队伍发展中存在的问题。

第一步是解决辅警的地位问题。辅警在维护社会稳定方面发挥的作用虽然不及民警，但实践表明，社会的长治久安已离不开辅警这支队伍的默默付出。要使辅警长久并积极地在公安机关发挥作用，国家及有关部门必须重视辅警队伍的建设和管理，给辅警一个法律上的明确定位相当重要。例如，修订《中华人民共和国人民警察法》，在其中增加关于辅警的条文，对辅警进行明确规定，将辅警身份地位合法化，将辅警具体职责纳入法律规范体系，从而进一步明确辅警的角色定位、职责权限等。可组织专门力量对全国辅警开展调研，对域外有关国家和国内各地方辅警立法方面的先进经验及做法进行研究，推动开展国家层面的辅警立法工作，以实现统一的标准和要求，为辅警队伍可持续发展提供保障。

第二步是解决辅警的待遇问题。薪酬待遇是制约辅警科学管理的难题之一。目前，绝大部分地区辅警的薪酬只是略高于当地最低工资标准。据不完全统计，全国辅警的工资待遇大多在 2000~3500 元。薪资低，难以养家糊口，难以调动辅警的工作积极性，更难留住高素质的辅警人才。在国家层面构建激励性的、公平的薪酬机制，对科学管理辅警来说十分重要。例如，建立全国警务辅助人员薪酬体系，将辅警的薪酬规定为由基本工资、福利补贴、津贴与考核奖励四部分组成，并针对特殊岗位人才设定额外补贴，且必须为辅警缴纳五险一金，其中公积金、医疗保险待遇做适当的提高等。可以加大对辅警的绩效考核力度，将工作业绩、技能水平与考核相挂钩，年度综合评定、年度评优与年度奖金相挂钩，营造“能者进、劣者汰”的公平竞争环境，从而调动辅警的工作积极性。可参考江苏省苏州市公安局会同该市财政局、人力资源和社会保障局联合制定下发的《市区警务辅助人员工资福利细则》。该细则使苏州全市不同岗位、不同层级的辅警的工资有了制度保障，还为辅警晋升、问责等制定了配套制度，细化了辅警日常管理、表彰奖励、问责惩戒等制度规范。

第三步是解决辅警的发展及职业出路问题。国家应建立起辅警岗位层级晋升和职位晋升机制，确保辅警队伍良性发展。例如，江苏省苏州市公安局为辅警建立了层级晋升制度，分为十档十级，建立分级工资标准，调整层级补贴。职务设立辅警中队长、副中队长、分队长、小组长四类，拓宽了辅警发展空间。辅警自我素质提升也是推动辅警队伍发展的因素之一。随着社会的发展，对各个岗位辅警的要求也逐步提高，特别是需要专业知识和专业技术的岗位要求更加苛刻，国家应鼓励在职辅警努力提升自身文化水平、专业技能来竞争专业性、技术型岗位，必要时给提高学历、获得专业技术证书的在职辅警发放一定的补助金，以激励辅警的进取意识。例如，北京市文职辅警有阶梯式发展空间，职位与薪酬相挂钩，共设三档九级，一、二、三为初档，四、五、六为中档，七、八、九为高档，每一次晋升必须符合一定的规则；另外，文职辅警设置了职位晋升，可晋升为中队长、分队长等。

关于辅警的出路问题，国家应出台相应的规范或政策，对特别优秀的辅警可特招为公安民警、事业编警务人员。近期，北京市出台了《北京市公安局辅警奖励实施办法》，明确提出了辅警转正的方式：获得辅警个人二等功的个人，符合录用条件的，经市局党委研究决定，可招聘为文职；另外，获得辅警个人一等功的个人，成绩特别突出的，符合公务员录用条件的，经市局党委研究决定，并报市人力资源和社会保障局批准后，可特招入警。这打破了辅警只能通过参加考试才可转为正式编制的限制，但多数辅警想立二等功、一等功是十分困难的，所以这一政策还需要完善。

英国城市警务初探

黄晓军 * 范 飞 **

摘 要：英国是现代警察制度的发源地，英国警察队伍在很多方面也被视为全世界警察的楷模，但其职业化与专业化建设、体系构建与管理方式、良好警民关系的建立、预防犯罪的职能体现，以及具有鲜明实战性的教育培训等成功之处也均非一朝一夕之功。对于社会治安形势日趋复杂严峻但人均警力配置并不高的中国而言，英国警务工作的探索研究在很多方面都值得我们深入学习，虚心借鉴。

关键词：英国警务 警察职业化 警民关系 实战型培训

英国被称为“现代职业警察制度的故乡”，其警察制度对全世界，尤其是西方国家具有重要影响。一般认为，英国现代警察制度的正式确立以1856年《郡市警察法》的颁布实施为标志。这是继1829年以《大都市警察法》为标志的警察队伍区域性建设之后，英国现代警察制度构建过程中里程碑式的重要法典。随着《郡市警察法》的颁布实施，英国警察在全国范围内统一着装，并逐步建立了相对固定的组织结构。换言之，《郡市警察法》就是英国现代警察制度构建及全国性警察队伍建设的实施方案。英国虽有“现代职业警察制度故乡”的美誉，但就其现代职业警察制度建设而言，过程充满波折。

一、英国现代警察制度的确立

就英国现代警察制度建设的必要性而言，要追溯到18世纪60年代由英格兰中部发起，一直持续到19世纪40年代的第一次工业革命。英国对现代警察制度的探索几乎与工业革命进程同步。第一次工业革命以英国人瓦特改良蒸汽机为标志，开创了以机器代替手工劳动的时代，减少了人类对畜力、风力、水力等自然力的依赖，社会生产力因此得到了极大提高。与此同时，英国的社会治安状况却因工业革命导致的人口流动、贫富分化及社会环境的恶化等陷入日益严重的危机。于是，维护社会秩序便成了这一时期的

* 黄晓军，中日商报新闻社编辑部主任，编审。
** 范飞，海外华人艺术家协会无锡创作基地秘书长，教授。

重要目标，国家是“这一事业的必要执行人”，警察则是“维护社会秩序的先锋”。

因此，几乎在工业革命掀起的同时，改革者们也开始了对适应全新社会环境的警察队伍建设的探索，但其规范化则要迟至《大都市警察法》的颁布实施，1822 年接任内政大臣的罗伯特·比尔在其中起到了关键性的推动作用，他希望建立良好的社会秩序，希望建立一支由中央控制的新型警察队伍。1829 年，英国国会通过了《大都市警察法》，现代警察制度由此建立，其以专项法律的形式第一次确定了英国现代警察的模型，确立了新型警察机关的合法性地位，授予其领导权力，并明确规定了适用范围、警察招录、警察机关财务管理、警察公务执法保障、警察工作的基本原则及组织管理等，严格周密的制度设计为新型警察履行职责提供了法律依据。

随着《大都市警察法》的实施，现代警察制度的建立，伦敦的社会治安得以大幅好转，但在将此制度推广至治安同步恶化的农村、矿山、工厂、铁路等地，并在全英国 56 郡建立统一的警察体系时，遭到了地方法院法官们的抵制。

实际上，“自 9 世纪起，英国就确立了治安自治的原则。最基层的治安组织是由十户组成的‘太兴’……12 世纪以后，逐渐出现由治安法官领导治安官负责地方治安的模式，由于两者都是地方乡绅、社区代表，而且都是兼职人员，因此仍然保留了地方性、非职业性的特征。16 世纪以后，随着英国资本主义农业和工业革命的发展……传统的治安维护方式已经不能适应社会环境的变化……然而，英国自大宪章以来确立的‘自由’观念以及地方自治的传统，使得普通公众和地方政要对拥有特殊权力的警察深怀恐惧与憎恨，对种种警察制度的尝试都予以坚决反对”[1]。

1839 年，英国国会颁布了《郡县警察法》，授权地方法官建立警察部队，并试图在全国范围内建立正规的警察机构，然而这却遭到了地方法院法官们的抵制，最终只有一半的郡建立了正规警察机构。但事实证明，建立了正规警察机构的地方治安相对好转，公众对警察的态度随之出现了较大转变。而英国政府下决心在全国范围内建立新型警察制度的标志，便是 1856 年《郡市警察法》的通过。该法令规定所有郡都要建立正规的警察机构，并要对警察机构和警察队伍实行正规化管理。而中央政府所做的相应妥协和退让，便是让新警察队伍实行地方自治，警察管理权由各地方政府行使，但中央政府承担地方警察工资和服装费用的四分之一，并在地方警察机构设立“国王警务巡查官”，警务监察署则在人员、装备等方面进行检查和控制，以确保地方警察机构的运转效率。

以上，有人称之为英国警察的第一次职业化发展大跃进，至 1900 年方告结束。至此，警察已被大多数公众所接受。

但警察队伍本身存在的问题相当严重，如地方警察管理不规范，各城市警察队伍素质参差不齐、管理体制有差异等。警察工作艰辛、收入微薄，士气不振、罢工频发，

1 夏菲：《论英国警察权的变迁》，华东政法大学 2010 年博士学位论文。

1919年的《警察法》就是在这样的情势下颁布实施的。该法统一全英国警察工资标准及工作条件，为全国警察的统一化和规范化提供了法律依据。中央政府也增加了支出，由承担地方警察工资和服装费用的四分之一增至承担地方警察全部费用的一半，相应地，中央政府参与地方警察管理的比重也有所增加。

1919年《警察法》还规定，每名警察都应得到一套免费住房，或者领取免税的住房津贴。因警察工资微薄、社会地位低下、公众认可度低而不能吸引优秀专业人才的局面从此得到改善。可以说，自1919年起，英国警察队伍建设由职业化逐步迈向专业化，警察不再仅仅被看作一个职业，更代表了一个专业。

第二次世界大战后，为适应新的国内外形势，英国警察制度再次改革。例如，改革传统的地方分治为地方参与、加强中央警察机关权利等，英国警察的体制形态由此改变，警察力量得以加强。但在20世纪七八十年代，因警察按习惯办事、自由裁量权过大等问题，造成了很多冤假错案，警察队伍建设面临危机。1984年英国出台了《警察和刑事证据法》，第一次明文规定了警察的执法权限及其行使条件和程序，成为英国警察的主要执法依据。随后出台的《犯罪起诉法》《警察和治安法庭法》《刑事上诉法》《刑事诉讼和侦查法》《反恐法》等，又进一步明确、规范了警察行使职权的程序和要求，英国现代警察制度逐步走向完善和成熟。

二、英国现代警察制度的架构与职能

英国的警察队伍由三个部分构成：正规警察、志愿警察和社区服务警察。据英国内政部网站上的资料显示，正规警察(Regular Police Officer)享有警务人员的全部权力，是警察队伍的主要力量，负责行动处置、犯罪调查，具有逮捕权、搜查权、没收财产权、监控权、阻留权，以及视情况使用警械、武器的权力，现有正规警察143000人；志愿警察（Special Constable）是指兼职的警察，其本身拥有全职工作，业余时间义务执行警务，穿着制服，与正规警察具有相同权力，领取一笔补助金，现有志愿警察13000人，约为正规警察的1/10；社区服务警察（Police Community Support Officer）为全职警察，但只享有正规警察的部分权力，负责维护社区安全和阻止反社会行为，主要职责是收集信息、安全防范、安抚民众、救助服务、现场保护，以及劝导处置违反环境、烟酒、交通、毒品管理的行为，有一定的当场罚款权，如发生犯罪案件，负责通知正规警察到场，不具有真正意义上的执法权，人数约为志愿警察的一半，共计7000人。

英国是一个联合王国，由英格兰、苏格兰、威尔士及北爱尔兰组成，除国防、教育、外交以外，基本各自为政。其中，英格兰与威尔士在政治、法律、教育、警务等方面基本一体化。所以，英国的警察体系通常为“分散制”，划为3大警区，52个郡各自设有警察局。其中英格兰和威尔士43个郡、苏格兰8个郡、北爱尔兰1个郡。各警察局虽都效忠女王，由内政部管理，但各地区相互独立，并没有正式的国家警察制度。对此，大多数警察局局长倾向于维持现状，中央政府也没有建立国家警察的拟议。

有人认为，英国没有统一的国家警察而是“各自为政”，不过是为避免国会控制。事实上，所有的英国高级警官都是从少数警察精英中挑选任用的，并须经内政部认可，如果其工作不力，内政部长可予以罢免。一方面，各地方警察的经费半数来自中央，而且自 20 世纪 80 年代后，另一半的地方警察经费亦受中央控制；另一方面，基于英王特权，内政部长也要随时干预地方警察所推行的政策。也就是说，英国内政部拥有各地方警察人事、经费及政策干预的权力。

除各地警察局外，英国还设有 4 支特别警察队伍，分别为大不列颠交通警察、国防部警察、民用核能警察和苏格兰犯罪与毒品管制局，特别警察权力有限。伦敦地区警务则由大都市警察部队和金融城警察部队管理。其中，大都市警察部队虽是英格兰和威尔士 43 个警察局中的一个，但该局警员人数多、能力强，虽与其他警察局平级，但在业务方面实际处于领导地位。

地方警察机构的最高层由警察局局长、联席会议、财务机构组成，是呈制约之势的三角组织体系。内部机构则主要由法务部、财务部、人力资源部（由文职警察组成）、指挥部、行动部、刑事犯罪调查部及社区部等组成。最基层警察为巡警和社区警察。

具体到警察队伍的管理，1964 年《警察法》确立了三元警察管理制度，三元即内政部长、各警察局局长及各地警察委员会（由县议会议员、治安法院法官及地方人士组成）。《2011 年警察改革与社会责任法》取消了警察委员会，在伦敦以外的区域设置警察与犯罪事务专员。该职位由辖区民众直接选举产生，任期 4 年，总体负责所在地区警务，确定警务重点工作，分配预算，制订、修改每个财政年度的警务与犯罪事务计划，确保警务高效开展。三方共同制订各地警察的工作计划，包括人员、经费、武器以及绩效目标等，与各地方社区共同推进工作。

对于英国警察的职能，自 1829 年警察制度建立，伦敦首都警察局的警官就被告知，他们的首要任务是预防犯罪。就这一点而言，皮尔在担任内政大臣期间发表的一篇著名宣言非常具有代表性：“我们从一开始就应清楚，我们所肩负的首要任务是‘预防犯罪’，为此目标，警察的所有努力都应以此为导向。为了保障民众的人身安全和财产安全，维护社会秩序与公共安全以及其他任务，我们建立了警察制度。警察制度的建立，目的是使其可以更好地实现上述目标，而不是在犯罪人已经成功地实施犯罪行为后再启动调查程序、刑事制裁来对其进行惩罚。犯罪的减少是完全有效的警察制度的最好证明。”

威慑主义的犯罪预防理论在英国的制度化，便是随着现代警察制度的建立以及 19 世纪早期现代监狱制度的建立应运而生的，并一直伴随其发展。有专家指出，19 世纪公共警察制度的建立意味着公共警察在过去的 120 年里在犯罪预防领域一直占据主导地位，并仍在英国现代的犯罪预防过程中发挥不可替代的主导作用。[1]警察对犯罪的预防主要通过防范性日常巡逻、侦查和逮捕罪犯来实现，防范性日常巡逻等方式在英国越来越受到重视。

警察的工作主要是维护社会秩序、防止违法犯罪。这一工作本身非常需要大众的协作配合。因此，为提高预防犯罪的效率，英国警方在19世纪80年代后期提出了“法律的正义绝非警察这一单一功能所能实现”的理念，逐步建立了“群防群治”体制，即在各警区设立“区域聚会”，采取自由论坛的形式，邀请每位在区内居住或工作的公民参加，并从参加者中选举产生主席，主持讨论。

英国警察向来以品格完美著称，被视为世界警察的楷模。其良好口碑除来自对犯罪的打击和预防之外，还因其承担了大量的社会性服务工作，即与公众建立了良好的公共关系。1829年《警察训令》所提出的12条现代警察立警原则至今仍全部囊括在英国现代警察法律之中，其第7条“警察应以其形象赢得尊重”，便是指警察与民众公共关系的建立。为建立良好的警民关系，英国警方高度重视警察的形象建设，一是设立专门的公共关系部门，处理警民关系、宣传警察工作、树立警察形象；二是成立警察投诉委员会，正风肃纪、改善警察形象，增进公众对警方的信心；三是通过展览、讲座、研讨会等加强警民沟通和互动。

三、英国警察的教育培训体系

英格兰、威尔士、苏格兰、北爱尔兰均设有自己的警察学院，共同为英国警察提供职业培训。因警察全部是从社会上招收的（包括高学历人员），各警察学院并不从事学历教育。除北爱尔兰外，英国警察一般培训周期为两年，共104周，包括1年在校训练、6个月见习和6个月返校训练。

在各警察学院中，英国警察学院是为英格兰和威尔士所有警察服务的专业培训机构。作为英国警务领域主要从事专业研究和培训的机构，警察学院的首要目标是加强英国警察的职业精神，培养合格人才，收集整理优秀警务实例并在全国警察机构予以推广；主旨在于保证所有警务人员都能熟练掌握警务工作所需的知识和技能。其具体职责包括：确立警务活动标准，为各地方警务培训教官提供资格认证，收集、研究和推广优秀警务案例，培养警察职业道德、职业精神和价值观，开展中、高级警察职业培训。此外，该学院还承担着英国警务改革的重任，以科研合作为主导带领英国警察走向现代化、尖端化。

1 ［英］戈登·休斯，刘晓梅、刘志松译：《解读犯罪预防——社会控制、风险与后现代》，中国人民公安大学出版社2009年版。

大伦敦区域的警察教育培训则由伦敦大都市警察局负责，苏格兰警察学院和北爱尔兰警察学院则分别负责苏格兰和北爱尔兰的警察培训工作。

作为英国国家警务促进署（其警察培训工作后由英国警察学院接管）的下属机构，布莱姆希尔警察国际学院是享有世界声誉的一流警察培训机构，自 20 世纪 50 年代以来一直承担着培训英国各警察局总警司以上警官的任务，素有“英国高级警官的摇篮”之称。

整体而言，英国警察教育培训的思路和举措有以下三点值得借鉴：

第一，警察职业素质的“五星”结构。该理念认为，警察职业素质由两个部分组成：一是所有警察必须具备的基本素质，即“五星”的中间部分，包括对时政的正确认识、文化素养、警察职业伦理、职业心理、警务理论、体能和实战技能等；二是不同警种与不同层级的警察应当具备的更高层次的不同素质和能力，即“五星”的各个尖角部分。

其中，基本素质主要通过基础阶段的教育训练来完成，满足基本的治安巡逻、社区管理、现场急救、追捕逃犯、文书制作等勤务要求，并为下一步向不同的专业方向发展打下坚实基础。之后即可以根据自己所从事的岗位和兴趣选择不同的发展方向，如专攻侦查破案、网络安全或技术鉴定等。每一尖角又呈宝塔形，分别代表着一个警种、一个层级、一种专业，塔底宽，塔尖窄，体现出各类人才的梯状结构。并以此为基础，制定符合本国国情的警察基本素质要求及各层级、各警种的素质能力标准。这种分类标准也是英国警察教育培训课程设置及警察素质等级考核的主要依据。

第二，凸显实战的教育理念。该理念主要体现在三个方面：一是要求每位警员必须拥有强壮的体魄，以确保“追得上、打得赢”。二是校局合作的培训模式，即在校学习与到警区实践相结合，将理论及时转化为实践、实践及时上升为理论，不断加深对警务知识与技能的理解和把握。三是实战化的课堂教学。警务活动是一种程序性很强的活动，许多职务行为，如巡逻、盘查、取证、抓捕、枪支使用等都可以制定一种规范化的操作流程，即职务活动标准。警察在职务活动中只要按此程序执行，其结果即受到法律的保护。警察学院不仅负责这种职务活动标准的研究、制定和推广，且在校内教学训练中也是以这种职务活动的标准作为范本，并以小班化授课的形式，穿插案例，边讲、边练、边讨论，课堂教学内容完全与实战同步；实战训练则采用一对一的指导模式，确保每位学员、每个环节、每一动作规范到位。

第三，警察学院与警务实战的高度融合。英国警察学院与警务实战部门保持着密切的联系和合作，学院工作由此成为警务活动的重要组成部分。具体表现在三个方面：一是警察职业素质和警务活动标准由学院负责制定，这种规范标准一经通过，即在全国范围内生效。为保证这种行业标准的科学性和合理性，学院必须牢牢掌握警务实战动态，并始终处于引领实战的前沿。二是具有收集、整理并向全国推广警务优秀案例的职责。全国各地警务活动中形成的经典案例须定期汇总给警察学院，由学院专家精心筛选、整理，形成案例库并向全国推广，学院也由此成为全国基层在职警察学习警务知识、提高警务技能的重要阵地。三是在教官队伍建设方面，警察学院的所有教官都是来自各地警察机关的年富力强的实战高手，学院教官与实战岗位之间保持着定期的良性互动。这种来自实战的一流高手是高质量后备警务实战化人才培养的有力保证，如承担北爱尔兰警察初任培训和各类在职培训任务的北爱尔兰警察学院及三个培训基地，其 170 名专职教官均来自各实战单位。此外，在各个“地区指挥单位”任教的约 30 名教官也均来自各实战单位。

需要强调的是，英国警察学院具有两个重要的培训理念，一是“专业”的培训理念，二是尊重人权、保护生命的培训理念。英国警察的“专业”能力世界闻名，培训方认为，警察并非天生具有特殊能力，而是“普通人”通过“专业的警察训练”培养出来的。这一专业理念体现在思维方式训练、教学模式和课程体系的设计、能力评估及训练装备等方面。此外，英国警察十分重视尊重人权、保护生命的教育，但并没有设专门的课程和教官，而是将其体现在所有的培训课程中，且均占有重要位置，所有教官都会结合授课内容从不同角度阐述这一理念。

四、英国警务工作的启示

在英国警务工作中，治安行政执法所依据的法律制度的某些核心价值理念及警务工作中所体现出的先进思想已经在世界范围内得到广泛认可，并在实际警务工作中得以运用。英国现代警察队伍的职业化、专业化建设并非一蹴而就，其完备的警务管理体系，对良好警民关系的重视及措施，以及来自实战又升华、指导、引领实战的教育理念和具体操作等，对中国警务建设均具有借鉴价值，值得我们深入探讨。

《城市警务研究》丛书征稿启事

《城市警务研究》丛书由公安部公安发展战略研究所城市警务研究中心编辑，中国人民公安大学出版社公开出版发行，江苏省苏州市警察协会提供各方面支持。

《城市警务研究》丛书创意于首届全国城市警务智库建设论坛，秉承《首届全国城市警务智库建设论坛合力推进新型城市警务智库建设倡议书》宗旨，以党的十九大精神和习近平新时代中国特色社会主义思想为指引，高度重视新型城市警务智库建设，聚焦新时代警务发展大局，致力于城市警务研究成果的发表和共享。丛书主要刊载现代警务战略、警务改革探索、枫桥经验新探、智慧警务研究、城市安全管理、警察队伍建设、警务智库建设等方面的研究论文，热烈欢迎各级各地公安民警，尤其是警务智库、警察协会的研究人员和政法公安院校的专家学者赐稿！

《城市警务研究》投稿格式要求：

一、投稿须提交 Word 文档电子文本，发送至电子邮箱 suzhoushijcxh@163.com，可同时提交 Word 文档纸质文本，邮寄或快递至江苏省苏州市姑苏区竹辉路 298 号 2 号楼 2 楼苏州市警察协会，陈玲收。邮编：215006，联系电话：0512-67786658。

二、标点符号均按照新版国家标准 GB/T15834—2011《标点符号用法》使用。

三、文章一级标题序号用“一、二 ……”，二级标题序号用“（一）、（二） ……”，三级标题序号用“1. 2.……”。

四、注释一律使用脚注，每页重新编号，编号格式为“1、2……”，序号在引述内容之后。书籍引用，依次标明注号、著者、书名、出版单位、出版年、版次、页码。报刊引用，依次标明注号、作者、篇名、报刊名、年代卷次（版次）、出版日期。

五、本丛书内容会提供给相关数据网站，以便读者检索、引用。投寄本丛书稿件，视为作者同意此约定。

六、来稿需写明作者姓名、工作单位、职务职称、通信地址、邮政编码、手机号码、电子邮箱。